做中国教育的建设者

新教育实验
二十年

NEW EDUCATIONAL
INITIATIVE

大夏书系｜新教育实验文丛

朱永新

著

华东师范大学出版社
·上海·

图书在版编目（CIP）数据

做中国教育的建设者：新教育实验二十年/朱永新著.
一上海：华东师范大学出版社，2023
ISBN 978-7-5760-3761-6

I.①做… II.①朱… III.①基础教育—教学实验—研究—中国 IV.① G639.2

中国国家版本馆 CIP 数据核字（2023）第 051459 号

大夏书系 | 新教育实验文丛

做中国教育的建设者——新教育实验二十年

著　　者	朱永新
策划编辑	程晓云　李永梅
责任编辑	程晓云
责任校对	杨　坤
装帧设计	奇文云海·设计顾问
出版发行	华东师范大学出版社
社　　址	上海市中山北路 3663 号　邮编 200062
网　　址	www.ecnupress.com.cn
电　　话	021-60821666　行政传真 021-62572105
客服电话	021-62865537
邮购电话	021-62869887
地　　址	上海市中山北路 3663 号华东师范大学校内先锋路口
网　　店	http://hdsdcbs.tmall.com/
印 刷 者	北京汇林印务有限公司
开　　本	890×1240　32 开
印　　张	8
字　　数	146 千字
版　　次	2023 年 5 月第一版
印　　次	2024 年 10 月第六次
印　　数	16 101-18 100
书　　号	ISBN 978-7-5760-3761-6
定　　价	62.00 元
出 版 人	王　焰

（如发现本版图书有印订质量问题，请寄回本社市场部调换或电话021-62865537联系）

21世纪以来，新教育实验坚持以执着坚守的理想主义、深入现场的田野意识、共同生活的合作态度和悲天悯人的公益情怀为价值准则，以教师成长为逻辑起点，以营造书香校园等"十大行动"和相关课程为路径，以帮助新教育共同体成员"过一种幸福完整的教育生活"为目标，进行了20年的田野实践探索。

新教育实验提出的教师专业成长"三专模式"使数以千计的普通教师成长为卓越教师，在国内率先推动的"营造书香校园""家校合作共育"等教育理念与行动实践，为建设书香社会、推动家校社政共育提供了强大助力。在促进教育理论与实践相结合、对抗教育异化、回归教育本质以及大面积改善区域教育生态等方面，新教育实验也进行了颇有成效的探索。2022年9月，新教育实验发起人荣获全球最大教育奖———丹教育发展奖。

展望未来，我们将通过持续完善课程体系、开展未来学习中心试点、探索教师专业发展体系，力争把新教育实验建设成为中国素质教育的一面旗帜，使新教育共同体成为扎根中国大地的新教育学派。

目 录

引 言 1

第一章 新教育实验的发展历程 1

一、实验酝酿期（1986—1999 年） 1
二、实验初创期（1999—2002 年） 4
三、实验建构期（2002—2013 年） 7
四、实验深化期（2013 年至今） 18

第二章 新教育实验的使命、愿景和价值观 24

一、新教育实验的使命 24
二、新教育实验的愿景 27
三、新教育实验的价值观 34

第三章 新教育实验的哲学、伦理学和心理学基础 43

一、新教育实验的哲学基础 43
二、新教育实验的伦理学基础 46
三、新教育实验的心理学基础 48

第四章 　**新教育实验的十大行动** 52

一、营造书香校园 53
二、师生共写随笔 56
三、聆听窗外声音 59
四、培养卓越口才 60
五、构筑理想课堂 62
六、建设数码社区 66
七、推进每月一事 68
八、缔造完美教室 70
九、研发卓越课程 72
十、家校合作共育 94

第五章 　**新教育实验的主要贡献、问题反思与未来发展** 98

一、新教育实验的主要贡献 99
二、新教育实验的问题反思 113
三、新教育实验的未来发展 124

注　释 133

参考文献 138

附录一　2022年一丹教育发展奖颁奖词 143

附录二　新教育实验实施效果评估报告 146

附录三　新教育实验发展大事记 183

后　记 241

引 言

20世纪80年代后期,"教育危机"成为世界教育的一个关键词(库姆斯,1990)。在中国,改革开放带来了教育事业的快速发展,但随之也产生了片面追求升学率、择校热等社会问题。1999年,中共中央、国务院发布了《关于深化教育改革全面推进素质教育的决定》,与此同时,多种教育改革探索也应运而生。无论是官方的新课程改革,还是民间的各种教育实验,都不同程度地影响和改变着我们的教育。

进入21世纪以后,全球开启了以"面向未来教育创新"为主要方向的教育改革。如,美国有试图将公立学校交给民间托管的"特许学校";有试图打破传统的按照年龄分班教学的年级制,开展"由学生内在动力驱动学习"的"阿克顿学院";有试图打破传统的课堂教学模式进行项目式学习探索的"高科技高中"(HTH)。此外,教育技术日新月异,教育平台日渐丰富，如可汗学院、斯坦福网络高中等充分利用互联网技术和资源的创新教育平台，都在积极拓展教育途径。

在中国，21世纪的教育变革也是潮流涌动。无论是叶澜教授的新基础教育实验、杜郎口中学的课堂变革、北京十一学校的课程变革、清华附小的主题式学习，还是民间关于蒙台梭利、华德福等教学模式的探索，以及小规模学校、"教育自救"式在家学习方式的兴起，都为推动教育改革注入了充沛的活力。在这众多的改革探索中，"新教育实验"走出了一条独特的道路，也形成了一道独特的风景。

为什么要把我们对于教育的探索定名为"新教育实验"？我们认为，取名"新教育"，既是一种"学术认祖"，也是一种理论自觉，更是一种创新意识，可以视为新教育人在新时代主动进行教育创新的使命担当。

1889年，英国教育家雷迪建立了阿博茨霍尔姆学校，这所学校最大的特点就是成人和孩子之间有一种"相互尊重"的关系，这种关系允许有经验的长者指导而不是控制学生（吴明海，2008）。相较于传统教育，这是一种全新的教育理念，在这一新的教育理念引领下，教育界开始探索新的教育实施路径，且新教育理论也逐渐丰富。

1889年以后，欧洲各地新教育实验学校逐渐兴起。如，1893年巴德利在英国南部创办的贝达尔斯学校，1897年里诺·赫贝在温切斯特创办的韦斯坦斯学校，1898年德国利兹创办的乡村教育之家、德摩林创办的罗什学校，1899年瑞士费里埃尔创办的"国际新学校事务局"等。1899年，瑞典女作家爱伦·凯发表《儿童的世纪》，从新人文主义角度预言20世纪将成为儿童的世纪，呼吁新的教育变革。可以说，19世纪末叶，在英吉利海峡的两岸，新教育思想的种子已经播撒，一场新的教育变革呼之欲出（吴明海，2008）。欧洲各国在开展"新学校（教育）运动"的同时，教育家们也在酝酿新的教育理论。如，20世纪初叶出版的蒙台梭利的《蒙台梭利教育法》、怀特海的《自由教育中数学的地位》、沛西·能的《自然科学的教学》、凯兴斯泰纳的《德国青年的国民教育》、托尔斯泰的《论教育》等。

1921年，新教育联谊会在法国加莱成立并明确了新教育的纲领，根据纲领可看出，新教育有两大核心观点：一是儿童中心的主张，即尊重儿童、解放儿童的内在精神力量；二是通过教育来改造社会（吴明海，2008）。许多耳熟能详的学校（如尼尔的夏山学校、小林宗作的巴学园、杜威的芝加哥实验学校等）以及近百年来教育史上许多著名的教育家（如罗素、蒙台梭利、皮亚杰、怀特海、杜威、陶行知、陈鹤琴等），都深受新教育思潮的影响（朱永新，2019）。

"新教育"在中国的传播始于20世纪初叶。1912年2月，蔡元培先生在《教育杂志》发表了《新教育意见》，吹响了中国新教育运动的号角。1919年2月，《新教育》杂志在上海创刊。同年7月22日，陶行知在浙江第一师范学校发表了著名的讲演，题目就叫《新教育》。1929年，庄泽宣正式提出了"新教育中国化"的主张。20世纪20年代，中国的许多教育家都把他们的教育探索命名为"新教育"（李海云，2009）。

21世纪初叶中国关于教育改革探索的"新教育"，既可以视为"世界语境"中的"新教育"在当代中国的一声"回响"，也可以视为对上个世纪初叶中国新教育的一种"承继"。因为此项探索与历史上的"新教育"之间有许多共同的特性：都试图对当下的教育和社会进行改良和创新，都主张尊重儿童的个性与自由，都建立了一批实验学校，都是民间草根的自发行动等。从传承意义上讲，我们关于教育的探索和创新是历史上"新教育"精神在新时代的"链接"和"延续"。为了区别于历史上的"新教育"，我们将这项教育改革探索称为"新教育实验"。

命名中选定"实验"，一方面与新教育的探索性质有关，另一方面是因为借鉴了上个世纪初叶中国教育改革的经验。严格意义上的科学实验，一般是指根据科学研究的目的，尽可能地排除外界的影响，突出主要因素并利用一些专门的仪器设备，而人为地控制、调整或模拟研究对象（自变量），使某一些事物（或过程）发生或再现（因变量），从而去认识自然现象、自然性质、自然规律的过程。显然，新教育实验不属于严格意义上的科学实验。之所以叫"实验",是因为笔者对我国的教育改革进行系统整理后发现,教育界把20世纪20年代晏阳初在河北保定的教育变革运动称为"平民教育实验"(张志增,2016),把梁漱溟在山东邹平进行的乡村建设运动称为"乡村教育实验"(杨东平,2003)。所以,我们把这项针对学校变革的体系命名为"新教育实验"。新教育实验的英文命名,最初我们直接翻译为"New Educational Experiment",在与国外专家交流后意识到,这样的英文命名让大家首先想到的是科学实验,容易引起大家对于新教育实验的误解。因此,最终定名为"New Educational Initiative"。

就新教育的理论来源而言,它既借鉴了西方的教育理论,又继承了中华民族的优秀教育传统,体现了中国本土的、独特的创造性;它直接借鉴和继承了陶行知先生的生活教育理论,让教育回归生活并回应社会发展和学生生命成长的需要,在知行合一的行动研究中形成了自身的特点。

在新教育实验成立20周年之际,笔者对新教育实验的发展历程、核心内容与实践经验进行了简要回顾、梳理,以期让更多学术界同仁对新教育形成清晰的认识,为新教育实验的发展把脉问诊,并确定新教育实验的未来发展方向。同时,我们也期望以此为个案,为我国的教育改革实践探索提供理论与行动上的借鉴和参考。

第一章
新教育实验的发展历程

新教育实验的发展历程大致可以分为四个时期,即实验酝酿期(1986—1999年)、实验初创期(1999—2002年)、实验建构期(2002—2013年)和实验深化期(2013年至今)。

一、实验酝酿期(1986—1999年)

20世纪80年代末至90年代,属于前新教育实验阶段。作为发起人的笔者,在这一时期比较系统地研究了中外教育理论与改革实践,深入考察了当代中国教育发展实际,为开展和推动教育变革的新教育实验做了理论与实践的准备。

20世纪80年代初,笔者到上海师范大学教育心理学师资班学习。其间跟随燕国材先生从事中国心理学思想史研究,并阅读了大量古代思想家的著作。1986年开始,为编写《中华教育思想研究——中国教育科学的成就与贡献》一书，笔者不仅系统地研读了从柏拉图、亚里士多德到西方新教育运动代表人物等中外教育思想家的著作，更对从古至今的中国教育思想发展史进行了系统梳理。1988年，在编写《困境与超越——当代中国教育述评》期间，笔者收集了大量当代中国教育的数据与资料，既为改革开放以来中国教育取得的成绩而鼓舞，也为越来越严重的教育经费短缺、应试教育等问题而焦心（朱永新，1990）。理想与现实的反差，更驱使笔者要为改变中国教育做点什么。到1989年《中华教育思想研究——中国教育科学的成就与贡献》这部著作完成之时，已经初步形成一种创造更好教育的使命感（朱永新，1993）。

1990年，在日本上智大学访学期间，笔者研究了明治维新以来特别是"二战"后日本教育改革与发展的情况，实地考察日本教育，并主持编写了近20卷的"当代日本教育丛书"。他山之石，可以攻玉。对近邻日本教育的研究，进一步加深了笔者对中国教育改革的思考（朱永新，王智新，1999）。1993年，笔者出任苏州大学教务处处长。任职期间，先后在苏州大学推出了必读书目制度、激励性主辅修制度、学分制、文科改革试点班、理科强化实验班等教育改革措施。这一系列探索，为日后新教育实验的书香校园建设、卓越课程研发等积累了初步经验。

图1 1991年，作者（右二）离开日本时与导师、日本经济社会研究所所长筱田雄次郎（左一）等合影

1997年，笔者调任苏州市人民政府副市长。此时，笔者开始系统思考如何办群众满意的教育和理想教育的模样，先后在苏州市推出改造相对薄弱学校计划、名师名校长行动计划、教育信息化行动计划等，并在全国率先普及九年制义务教育。这些行动在相当程度上改变了区域教育的品质，改变了教师的精神面貌，也激发了笔者进一步推进教育改革的愿望。

这一时期是新教育实验的酝酿期，这个阶段的工作客观上为新教育实验的萌发做了思想上和实践上的准备。时代需要教育变革，需要新的教育理念、教育思想与教育探索。此时，新教育实验已经呼之欲出。

二、实验初创期（1999—2002年）

这个时期的新教育实验，基本特点是用理想和信念激励实验教师，用思想和行动引领实验学校。1999年，为了更好地适应政府工作，笔者开始在复旦大学经济管理学院修读苏东水先生的东方管理学课程，并系统阅读管理学、领导学等方面的著作。其中《管理大师德鲁克》一书中的一个故事深深地打动了笔者：1950年元旦，德鲁克父子去看望弥留中的另一位管理学大师熊彼特，熊彼特对年轻的德鲁克说"我现在已经到了这样的年龄，知道仅仅凭借自己的书和理论而流芳百世是不够的，除非能够改变人们的生活，否则就没有任何重大的意义"（杰克·贝蒂，1999）。熊彼特的这番话给了德鲁克"衡量自己成就的尺度"，也给笔者带来了内心的冲击，让笔者重新思考人生意义和个人社会价值的考量尺度。笔者猛然意识到，尽管这些年出版了不少作品，但并没有真正走进教育生活。于是，笔者决定改变话语方式，改变行走方式，真正地走近校长、教师、学生乃至学生父母，走进中小学、幼儿园，走进一线教育生活。

从研究者过渡到行动者并不是件容易的事情。这不仅要转变理念、情感，更要改变方式方法。1999年夏天，江苏教育报刊总社邀请笔者为"创新教育笔会"的代表讲述"我心中理想的教师"。感谢这次笔会，正是因为这次讲演，让笔者找到了自己的教育话语方式，找到了走向教师与教育生活的路径。会后，笔者应江苏武进湖塘桥中心小学校长奚亚英的邀请到学校授课带徒，系统地与教师们分享关于教育的理想。那时候，这所学校还只有两排破旧的平房，教师也是以农村青年教师为主体。但是，教师们追寻理想的激情和渴望成长的热情深深感动了笔者，该校也成为践行"我的教育理想"的第一所学校。

2000年，笔者把关于教育理想的讲演进行系统整理，出版了《我的教育理想》一书。此书比较系统地提出了理想教育的系列目标，对理想的学校、教师、父母、校长、学生等进行了比较深入全面的论述，同时讨论了教育现代化与人的现代化、创新教育与教育创新等问题（朱永新，2000）。这本关于教育理想的小书，点燃了很多教师对教育的激情。在很长时间里，此书都是中国教育界颇受欢迎的教育著作，并入选"新中国70年70本教育著作"。但也有人认为，书中提出的教育理想是天方夜谭，在应试教育的体制下根本无法实现，让校长、老师们戴着镣铐跳舞，根本无法实现理想。对此，笔者认为"戴着镣铐也可以跳出精彩的镣铐舞"。尽管对此书的褒贬不一，但新教育实验最初的一些理念与行动，皆源自此书对教育问题的思考和对教育理想的探寻。此书直接"催生"了"新教育",新教育人把《我的教育理想》的出版,作为新教育实验主要思想提出的标志,也作为新教育实验正式诞生的标志。此书的卷首诗《教育的理想和理想的教育》,在某种程度上可以作为新教育实验诞生的宣言。

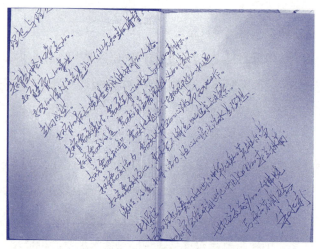

图2 卷首诗《教育的理想和理想的教育》

2002年6月,新教育实验建立了自己的网络平台——教育在线网站。初创时期的新教育实验,以其充满理想主义的情怀与清新的教育理念点燃了许多校长和教师的教育激情。网站开通后的半年里,注册会员就超过4000人,发帖量超过5万,访问量达到21万人次。在这里,每一个帖子都会引来关注,每一篇随笔都会赢得鼓励,每一次欢笑都会听到回声,每一次争论都会点燃思想。网站很快就被敏感的媒体誉为"中国教师的精神家园""中国教师成长的网络师范学院"(李晔，张斌，2004)。一位网友在教育在线的论坛中写道："教育在线是幸运的，它在如林的网络争锋中脱颖而出，长成一片茂盛的教育绿洲；教育在线的网友们更是幸福的，他们在网络的大旗下找到了教育的真谛和职业的价值，他们的心灵天空因理想之光的照耀而充满意义。"(张菊荣，焦晓骏，2005)。通过网络汇聚新教育实验的人才、传播新教育实验的理念，是新教育实验一个非常独特的现象。新教育实验能够在短期内迅速传播，产生广泛的社会影响，互联网居功至伟。

实验初创期是新教育从不自觉到自觉的阶段。为中国教育探索一条新路的理想，在实验推行过程中的引领作用是强大的。基于这一教育理想，新教育实验得到了许多学校和师生的关注，大家积极参与，并开始形成新教育实验共同体，为追逐美好的教育生活积极前行。初创期的新教育人伴随着新世纪的脚步，迎着新时代的第一缕阳光踏歌而行，开始逐步形成自己的独特个性与话语方式。

三、实验建构期（2002—2013 年）

系统建构"十大行动"，用课程和项目推动、用培训和现场拓展新教育行动路径，是新教育实验在这个阶段的基本特征。2002年9月，苏州昆山玉峰实验学校成为第一所获得授牌的新教育实验学校，新教育实验就此扬帆起航。此时，新教育实验提出了"五大理念"，即：与人类的崇高精神对话，教给学生一生有用的东西，无限相信师生的发展潜能，重视精神状态、倡导成功体验，强调个性发展、注重特色教育。在玉峰实验学校，营造书香校园、师生共写随笔、双语口才训练[①]、聆听窗外声音、建设数码社区等新教育五大行动的雏形正式被提出。由于教育在线网站的传播，一批学校与玉峰实验学校同步开展了实验。同时，成立了以五大行动为主要内容的新教育实验项目组，推动实验研究。

2003年7月，新教育实验首届研讨会在昆山玉峰实验学校召开。昆山市玉峰实验学校、常州武进湖塘桥中心小学、盐城市大丰区南阳小学等十所学校，成为第一批正式命名的新教育实验学校。其后，新教育基本上每年均会举办一次研讨会，对新教育进程进行总结，并规划未来发展道路。以学术年会的方式推进新教育实验，也成为日后的新教育实验发展模式。2003年12月，"新教育理论的实践及推广研究"课题成为全国教育科学"十五"规划重点课题。2004年4月，该课题开题会分别在江苏省张家港高级中学和常州武进湖塘桥中心小学举行。我们把这场开题会同时作为新教育实验第二届研讨会。这次研讨会上，时任联合国教科文组织协会世界联合会副主席、中国教育学会常务副会长陶西平对初生的新教育实验寄予了深切期望,并预言"新教育实验,将会成为中国教育的一条鲶鱼,搅动中国教育这缸水"。

图3 2003年7月,新教育实验第一届研讨会在江苏昆山玉峰实验学校举行

2004年7月,新教育实验以"新教育、教育在线和教师成长"为主题在江苏省宝应县翔宇教育集团举行第三届研讨会。这次会议重点讨论了在网络背景下教师成长的规律问题,是新教育实验首次用年会的方式关注教师成长。当时,学术界对一线教师的成长生态相对关注不够,新教育实验团队较早意识到教师发展困境这一问题,并自觉地利用互联网帮助教师成长。2009年,新教育实验成立网络师范学

院。十年之后,《中国教师报》以《教师成长的"新教育范式"》为题,报道了新教育实验网络师范学院的故事(褚清源,2019)。

2004年5月和9月,江苏姜堰市教育局和河北石家庄桥西区政府分别建立了县域新教育实验区,开始以行政推动的方式推进区域实验。前者是教育局直接发动,后者则是由区政府直接推动。自从江苏姜堰、石家庄桥西区等众多区域以行政方式推进新教育实验以后,我们一直在思考如何发挥好教育行政部门的作用,更加有序、规范地推进新教育实验的问题。实际上,作为一个自下而上的民间公益性教育改革实验,在缺乏人力、物力、财力的背景下,如何借助自上而下的行政力量推动实验,是团队从一开始就思考的问题。2006年11月,新教育在浙江省嘉兴市秀洲区召开了新教育实验第一次实验区工作会议,总结区域推动新教育实验的经验与策略。

此后,区域推进新教育实验,逐渐成为新教育实验发展的主导模式。每一年召开新教育实验区工作会议,交流分享行政推动新教育实验的经验,也成为新教育的一项经常性工作。在实践中,不同实验区也有不同的推进模式。有的实验区是以区域内优秀的新教育团队为主导,如河南焦作新教育实验区,就是由教科室的老师在自己女儿的班级里开始探索,继而吸引一群优秀教师参加,最后教育局决定整体加入新教育实验区，这是实验区内部的自下而上模式。有的实验区则是由一把手教育局局长亲自推动，如山西绛县新教育实验区。相对较晚加盟新教育实验的甘肃省兰州市新教育实验区，也是在教育局局长的直接推动下建立起来的。

如果说互联网和实验区是新教育实验发展的两个"推进器"，那么理论研究则是新教育实验发展的"加速器"。为加强新教育实验的理论支持和培训指导力量，新教育实验一开始就注重加强理论研究工作。

2003年11月，新教育实验分别成立了新教育研究中心与"新教育理论的实践及推广研究"总课题组，以苏州大学的教师与研究生为基本骨干，吸收部分苏州高校和中小学的优秀教师参加。研究中心和总课题组在苏州大学定期举行"相约星期二"新教育沙龙，针对玉峰实验学校实验中发现的问题，及时总结经验教训，讨论新教育实验的理论问题。

2005年6月，总课题组编写的《与理想同行——"新教育实验"指导手册》正式出版，确认在五大行动的基础上增加"构建理想课堂"（"新教育理论的实践及推广研究"总课题组，2005），至此，新教育实验的活动拓展为"六大行动"。后来，新教育实验陆续成立了新教育研究院（2007年）、新教育研究会（2007年）、新阅读研究所（2010年）、新生命教育研究所（2015年）、新家庭教育研究院（2015

年）、新科学教育研究所（2018年）、新艺术教育研究院（2018年）、新职业教育研究院（2020年）等十余个研究机构，从事新教育的理论研究与课程研发，为新教育实验的发展提供学术支持。2005年7月，新教育实验第四届研讨会在四川成都盐道街中学外语学校举行。会议的主题为"新德育"，会上发布了《新公民读本》系列教材，新公民教育和新生命教育开始进入新教育实验的视野。从这个意义上说，新教育实验的课程建设，是从新德育起步的。2005年12月，"北国之春——全国新教育实验与教师专业化成长研讨会"在吉林市第一实验小学召开。这次会议将新教育实验关于教师成长的理论和实践探索归纳整理为新教育实验的"三专模式"（即"专业阅读+专业写作+专业发展共同体"，后来把"专业发展共同体"修正为"专业交往"）。这次会议也是新教育实验第五届研讨会。

2006年7月，新教育实验第六届研讨会在清华大学举行，会议正式提出了新教育的核心理念"过一种幸福完整的教育生活"。新教育人将这次北京会议视为新教育实验的"进京赶考"。核心理念的凝练和专业化团队的建立，对于新教育实验是一件具有里程碑意义的事件。

2007年7月，新教育实验以"共读、共写、共生活"为主题在山西运城举行了第七届研讨会，正式提出"晨诵、午读、暮省——新教育儿童生活方式""毛虫与蝴蝶——新教育儿童阶梯阅读"等项目。生命叙事，从此成为新教育实验的一个重要的言说方式。随着实验规模的拓展，新教育不仅需要专业上的研究推广，更需要各项事务中的管理协调，更好地服务于实验者。此次会议期间成立了新教育实验的重要协调与管理机构——新教育研究院。同年11月，为了加强新教育的学术研究，也为让新教育实验有一个"正式"的身份，新教育在江苏省教育学会的支持下成立了又一个学术组织——江苏省教育学会新教育实验研究专业委员会（即新教育研究会）。在成立仪式上，笔者提出了日后作为新教育价值观的"新教育精神"，即执着坚守的理想主义、深入现场的田野意识、共同生活的合作态度、悲天悯人的公益情怀。新教育的使命、愿景、价值观，至此基本形成。

2008年7月，新教育实验第八届研讨会在浙江温州苍南举行。这次会议在总结新教育实验构筑理想课堂"六维度"理论和实践方面的探索经验的基础上，提出了理想课堂的"三重境界"的主张[②]，以及"知识、生活与生命深刻共鸣"的核心观点。对课程与课堂的关注，使新教育实验更加深入学校和教师，也让新教育实验不断深耕一线，在教育实践中发挥更大的作用。同年12月，"新教育实验与素质教育行动策略的研究"课题获得全国教育科学"十一五"规划重点课题立项，这也是新教育实验第二次获得教育部教育科学研究的重点课题，表明新教育实验自觉地开启了为素质教育探路的学术旅程。

2009年7月，新教育实验以"书写教师的生命传奇"为主题，在江苏海门举行了第九届研讨会，用生命叙事理论和"三专"理论把职业认同和专业发展作为教师成长的双翼，完整地提出了新教育实验的教师成长理论，自觉地搭起教育理论与一线教师之间的"桥梁"。为中国的普通教师提供更多的学习资源与成长平台，逐步成为新教育实验的一项重要工作，也成为新教育实验的一大亮点。

2010年7月，新教育实验以"文化，为学校立魂"为主题，在河北石家庄桥西区举行了第十届研讨会。这次年会对新教育的学校文化，从使命、愿景、价值观到校风、学风、校训、学校建筑、学校仪式与庆典、学校故事等进行了比较全面的研究，研讨会的主报告为新教育学校文化建设提供了一个纲领性的文件。同年9月，为了深化对"营造书香校园"行动的研究，新阅读研究所在北京成立。这是新教育实验旗下的第一个专业性研究机构。新阅读研究所成立以后，致力于研制中国人基础阅读书目，先后推出"中国小学生基础阅读书目""中国幼儿基础阅读书目""中国初中生基础阅读书目""中国高中生基础阅读书目""中国大学生基础阅读书目"以及"中国教师基础阅读书目""中国父母基础阅读书目""中国企业家基础阅读书目""中国公务员基础阅读书目"等成果，成为有影响力的书目研制机构。新阅读研究所成立第二年即荣获全国阅读推广机构大奖。目前，新阅读研究所正在研制中小学学科阅读书目、项目研究指导书目等。同年12月，江苏昌明教育基金会（即新教育基金会）正式成立，这是一家集公益和专业于一身的基金会，也是新教育实验的专属基金会。基金会的宗旨是探索素质教育新路，推进新教育实验发展，促进教育改革与创新。基金会的愿景是成为中国教育创新和新教育实验事业发展的助推器。基金会的主要工作内容是致力于讲好新教育故事，鼓励教育同行交流合作，奖励优秀教育创新类项目，扶持薄弱地区教育资源，并把新教育的优秀成果转化为公益项目。

作为一个民间教育实验，新教育实验在缺乏资金、缺乏专业人才的情况下如何能够可持续发展？成立基金会是一个颇有特色的创新路径。一方面，基金会通过讲述新教育故事，争取社会各方面的资金支持，为新教育的研究项目和实验推广提供造血机制；另一方面，基金会通过帮助和支持边远地区、薄弱学校和贫困教师参与新教育实验的各项活动，为扩大实验规模以及吸引更多区域和学校参与新教育实验创造了良好条件。新教育基金会目前有新教育童书馆、完美教室、新教育星火教师计划、新教育研究项目等品牌项目。同时，新教育基金会自2016年起，每年都会评选新教育年度人物、新教育年度智慧校长、新教育年度榜样教师、新教育年度完美教室和新教育年度卓越课程,激励优秀的实验区、实验学校和实验教师,为培养新教育骨干人才不断汇聚力量。在中国的教育研究团队中,用基金会的方式推广项目、推进实验,新教育实验具有一定的首创性。

2011年7月,首届新教育国际高峰论坛在江苏武进湖塘桥中心小学教育集团举行,美、日等国专家与新教育人就教育田野研究等进行对话与交流。与新教育基金会相仿,新教育国际高峰论坛是新教育实验创造的又一种"借力"发展的新模式。随着新教育事业的发展,新教育国际交流的必要性也逐渐显现。同时,每年新教育年会之前,新教育都要举行中美新教育论坛,与来自美国的学者就年会的主题进行深度交流。这些举措一方面有利于我们学习借鉴国外先进教育理念和新方法,另一方面也促进了我们对世界讲好新教育故事。同年9月,新教育实验以"中国文化,中国思想"为主题,在内蒙古鄂尔多斯东胜区举行第十一届研讨会,会议提出了"以人弘道,活出中国文化的根本精神"的主张。为回答如何自觉地传承中国优秀的传统文化,如何实现优秀传统文化进教材、进课堂、进校园等问题,新教育一直在进行积极的探索。陶西平先生再次做出预言:新教育实验在为中国教育探路的过程之中,必将涌现出一个最优秀的教师群体,一批最优秀的教育家。时任中国陶行知研究会会长的朱小蔓教授在会上指出，新教育实验倡导的"上天入地"的教育科研具有重要的推广价值，"新教育团队这十年来的探索是开拓性的、创造性的，他们已经贡献很多，还将会有更大的贡献"。同年11月，新阅读研究所成立新教育亲子共读研究中心（后更名为新父母研究所）从事家校共育、亲子共读等阅读与家庭教育问题的研究与推广工作。新教育萤火虫亲子共读项目先后在全国100多个城市建立了"萤火虫工作站"，为数万名教师、父母组织开展公益活动一万多场。

2012年7月，新教育实验以"缔造完美教室"为主题，在山东淄博临淄实验区举行第十二届研讨会。会议全面总结了新教育缔造完美教室行动的研究成果，指出缔造完美教室要将愿景、文化、课程等融合在一间教室里，师生汇聚在伟大事物的周围，"吻醒"故事和经典③，编织诗意的生活，最终让教室里的每一个生命走向卓越。同年10月，以"教育的文化价值"为主题的第二届新教育国际高峰论坛在浙江宁波效实中学举行。此次论坛把新教育的基本行动项目由最初的"六大行动"扩展为"十大行动"，增加了推进"每月一事"、缔造完美教室、研发卓越课程和家校合作共育"四大行动"。新教育的十大行动，至此相对确定。同年11月，中国共产党第十八次全国代表大会召开。报告提出要坚持为社会主义现代化服务，为人民服务，把立德树人作为教育的根本任务，全面实施素质教育，培养德智体美全面发展的社会主义建设者和接班人，努力办好人民满意的教育。十八大提出的这一教育方针，成为我们开展新教育实验的重要指导思想。

2013年3月，为了满足新加入实验的区域和学校的培训需求，在南通市政府和海门市委市政府的大力支持下，新教育教师成长学院（海门市新教育培训中心）正式成立。新教育教师成长学院成立以后，承担了新教育实验的重要培训功能，迅速发展成为全国新教育理念培训和项目推广的重要基地。

除在本节开头分析的新教育事业发展的特点外，实验建构期的另一个重要特点是更加专业化与规范化。从组织构架、理论构建到机制保障、经费筹措、决策体系，新教育实验逐渐发展成为一个运转良好的民间教育公益组织。

四、实验深化期（2013年至今）

这个时期的特点是深化新教育实验的理论与实践研究，系统研发新教育课程，丰富完善理论构架。课程的丰富性决定了生命的丰富性，课程的卓越性决定了生命的卓越性。随着新教育实验的深入，我们越来越认识到，只有在课程层面进行变革，才能真正把握教育的未来。

2013年7月，以"研发卓越课程"为主题的新教育实验第十三届研讨会在浙江萧山举行。在这次会议上，新教育提出了课程体系框架，即在新生命教育的基础上，建构新智识教育（真）、新德育（善）、新艺术教育（美）和个性特色课程。至此，新教育实验的理论框架、十大行动项目体系和课程体系的初步架构基本形成。

2014年7月，以"新艺术教育"为主题的新教育实验第十四届研讨会在苏州市举行，会议提出了"艺术教育成人之美"的主张。新教育明确提出：新艺术教育的宗旨应该是儿童身心的解放和生命的幸福完整；应该是遍及儿童生活的全部领域；应该是为了普惠儿童的教养性教育。新艺术教育的目的不是培养职业艺术家，不是教出艺术尖子和进行精英的选拔与培育，也不是为了艺术而艺术，而是源于儿童天性的自由发挥，注重艺术欣赏力和艺术情怀的培育，注重培养具有艺术精神、艺术品位、艺术思维和健全人格的人。所以，新艺术教育是源于艺术（每个儿童的自然天性）、通过艺术（无处不在的中介作用）、为了艺术（艺术化的人生目的与境界）的教育，其宗旨是体验一种幸福完整的生活，成就一种幸福完整的人生（朱永新，2014）。新教育实验在经历了14年的发展后回到发源地。苏州年会拉开了新教育实验课程研发的帷幕。年会以后，新教育开始筹备新艺术教育研究院，研发以艺术大概念为基础，融美术、音乐、戏剧、电影、设计、动漫等艺术样式于一体的新艺术教育课程体系，研制艺术学科的基础阅读书目，筹建新艺术学习中心等。

2015年1月，新教育实验"缔造完美教室"叙事研讨会在北京师范大学举行。时任教育部基础教育司一司司长的王定华教授等参加会议，对新教育榜样教师的完美教室给予了高度评价："新教育实验的行动，踩准了基础教育的时代节奏，跟上了基础教育的发展变化。我们找不出理由不去支持新教育实验"（王定华，2015）。这次会议，邀请了十余位在一线深耕新教育的榜样教师讲述自己的成长故事，吸引了全国千余名教师参加会议，也展示了新教育课程本身的魅力。同年7月，以"新生命教育"为主题的新教育实验第十五届研讨会在四川成都金堂县举行，会议提出了"拓展生命的长宽高"的主张。来自全国的2000多名代表见证了新生命教育在灾区重建中的独特价值。这次会议上，我们提出了生命教育的基本理念与课程体系构架。会后成立了新生命教育研究所，研发了从小学到高中的完整的生命教育教材体系（朱永新，冯建军，袁卫星，2017）。

图 4 时任教育部基础教育一司司长王定华出席新教育实验"缔造完美教室"叙事研讨会

2016年7月,新教育实验以"推进每月一事"为主题在山东诸城举行第十六届研讨会。会议全面总结了新教育推进每月一事行动的研究成果,提出了"习惯养成第二天性"的主张。2016年9月28日,孔子诞辰日当天,新阅读研究所在北京举办了以"改变,从阅读开始"为主题的领读者大会。新阅读研究所自成立以来一直致力于书目研究,为了凝聚更多的阅读研究和推广人员,新阅读研究所发起举办了领读者大会。此后,每年9月的领读者大会也成为新教育的年度重要工作会议,并吸引来自国内的专家学者和国际儿童阅读联盟（IBBY）的专家们参加会议。2019年，在西安举行的以"儿童阅读与世界未来"为主题的领读者大会上，"中国阅读三十人论坛"正式成立，新阅读研究所作为秘书处单位，全面提供服务支持。

2017年7月，新教育实验以"家校合作共育"为主题在江苏南京栖霞实验区举行第十七届研讨会。会议全面总结了新教育家校合作共育行动的研究成果，提出了"家校合作激活教育磁场"的主张。

2018年7月，新教育实验以"新科学教育"为主题在四川成都武侯实验区举行第十八届研讨会。会议全面总结了新科学教育行动的研究成果，提出了"科学之光照亮求真创新之路"的主张，指出了新科学教育以"做中学、读中悟、写中思"作为实施路径（朱永新，2019）。

2019年7月，以"新人文教育"为主题的全国新教育实验第十九届研讨会在江苏泰州姜堰实验区举行。会议提出了"人文之火温暖幸福家园"的主张。作为全国第一个新教育实验区，姜堰教育局一直努力探索新教育在姜堰的生长样态，通过"一书一世界、一人一博客、一周一行走、一班一风景、一课一风格、一人一平板、一人一课表、一月一主题、一生一舞台、一家一宇宙"等"十个一"的姜堰实践，让新教育十大行动在这片土地上生长出自己的模样。

2020年10月，以"新时代，新德育"为主题的全国新教育实验第二十届研讨会在江苏省盐城市大丰区举办。由于疫情防控的原因,来自全国各地的500多名代表参加了会议,超过120万新教育人通过新教育App、CCtalk、爱奇艺、腾讯等直播平台观看会议。截至2020年10月,全国新教育实验共设立地市级实验区12个、县级实验区162个、实验学校5575所,共有620万师生参与新教育实验。一项民间的教育改革,在如此短的时间内迅速发展,形成了如此大的实验规模,这在中外教育历史上并不多见。

第二章

新教育实验的使命、愿景和价值观

　　使命、愿景和价值观，是一项教育改革与探索必须首先确立的目标和准则，也是一个机构安身立命与可持续发展的基石。使命或者责任，指明其为什么而存在；愿景或者蓝图，说明其要抵达哪里，成为什么；价值观或者信仰，代表其对好坏、善恶、美丑、成败、是非的基本评价标准和价值追求。使命、愿景和价值观，集中体现其理想追求和精神境界。通过20多年的探索与建构，新教育逐步形成了自己的使命、愿景和价值观，这些使命、愿景和价值观，成为指导和约束新教育的重要纲领性文件，因此也成为新教育实验的"基本法"。

一、新教育实验的使命

　　"过一种幸福完整的教育生活"，是2006年第六届新教育实验年会主报告的题目,也是我们发起新教育实验六年后,在教育理想与理论方面探索的重要成果。"过一种幸福完整的教育生活",完整的表述是"帮助新教育共同体成员(包括学生、教师、父母和教育行政管理人员等)过一种幸福完整的教育生活"。

新教育实验用教育的本体论、价值论和方法论对这句话进行了阐释。从本体论角度来说,教育是一种特殊的生活方式,这就是所谓的教育生活;从价值论来说,我们所追求的教育生活,应该是幸福而完整的,可持续发展的;从方法论来说,新教育主张通过营造书香校园等行动,不断研发、开展新教育项目来实现"过一种幸福完整的教育生活"这一使命。为什么要把"过一种幸福完整的教育生活"作为新教育实验的使命?这与新教育实验对于教育与幸福、生活与生命的理解有关。

第一,教育就是生活。教育即生活,是杜威教育思想的基本观点。杜威指出,学校本身必须是一种社会生活,具有社会生活的全部意义(吕达,刘立德,邹海燕,2008)。在中国,教育与生活通常是分开的,许多学校和家庭都认为教育是为了未来的,是为以后的工作和生活做准备的。新教育认为,教育作为一种促进美好生活手段的同时,本身也是一种生活方式。师生在为长远的人生与社会理想服务的同时,也应享受当下的教育生活。学校生活与社会生活之间,本身应该是相互联系、相辅相成的，当下和未来是一条川流不息的人生长河。

第二，教育是一种特殊的生活。教育必须确保受教育的个体生命获得充分成长，必须实现社会对于一个未来公民的期望。从这个意义上讲，它是一种特殊的生活，是一种选择性、超越性的特殊生活。而且，这种教育生活，不能仅等同于学校的教育生活，也应该包括家庭和社区的教育生活，是一种泛在的教育生活，是贯穿人生始终的终身学习生活。

第三，教育生活应该是幸福的。幸福是我们一切行为的终极目标（亚里士多德，2003）。亚里士多德认为，我们做其他的事情，最后都是为了得到幸福。在当代教育史上，幸福教育理论的重要代表人物内尔·诺丁斯也坚定地传承了把幸福作为生活和教育的目的的思想，认为"好教育就应该极大地促进个人和集体的幸福"（诺丁斯，2014）。既然教育的目标是努力促进每一个人都能够过一种幸福的生活，其本身也应该是幸福的。人们无法从单纯的富裕的物质生活中得到真正的幸福，内心的宁静与精神的享受才能获得真实的幸福体验。精神与道德是人身上最高贵的部分，幸福就是精神与道德上的完善。我们注意到这样的事实：在应试教育的背景下，不少孩子的童年生活充满了无情的竞争与不断的失败，心里没有美好的梦想，眼中失去了凝望世界的神采。新教育强调"过一种幸福完整的教育生活"，就是为了改变某些违背人性、摧残童心的畸形教育。所以，新教育的使命，既是对教育终极意义的思考与追求，也是对当下教育进行改良的愿望与行动。

第四，教育生活在追求幸福的同时还应该强调完整。幸福，是目的方向；完整，是质量标准。幸福比成功更重要，成人比成才更重要，成长比分数更重要。教育的目的，不是成功，而是幸福；教育的质量，不是分数，而是成长。完整，从根本上是指人格的完整性，人自身的统一性，潜能得到最大的实现，生命得到最大的成长，成为更好的自己。完整的生命，指个体身、心、灵，德、智、体、美、劳的和谐发展；完整的教育，应是家、校、社、政的和谐发展；完整的教育质量，应该是学习性质量、发展性质量和生命性质量的整体提升。当今教育的问题在于奉行唯智主义，过于注重知识的掌握，缺乏做人的教育，缺乏德行的教育。新教育希望通过幸福完整的教育生活，能够实现人的"全面和谐的成长"，让每个受教育者能够获得成功的智力、整合的智慧、高尚的德性、丰富的情感，成为更好的自己。

二、新教育实验的愿景

新教育实验的愿景，不同时期有着不同的表述。在新教育实验初期,曾用"理想的四重实验境界"表达我们的愿景,那就是:(1)成为教师实现专业发展的理想舞台;(2)成为学校提升教育品质的理想平台;(3)成为学生享受成长快乐的理想乐园;(4)成为新教育共同体的"精神家园"和共同成长的"理想村落"("新教育理论的实践及推广研究"总课题组,2005)。这是新教育实验的"四重实验境界",是一种比较诗意化的新教育愿景的表达。

2006年新教育实验年会上,我们在"四重实验境界"的基础上,从理论与实践层面提出了两个"成为":成为中国素质教育的一面旗帜,成为植根本土的新教育学派。这是一种更加凝练的愿景表述。同时,为了方便理解和记忆,新教育用四个"改变"重新阐述了"四重实验境界",即"改变教师的行走方式、改变学生的生存状态、改变学校的发展模式、改变教育的科研范式"(朱永新,余国志,2015)。随着新教育实验区的不断增加,2017年,又增加了第五个改变——"改变区域的教育生态"。

后来,根据2018年召开的全国教育大会提出的"扎根中国大地办教育"的方针,进一步把"成为植根本土的新教育学派",改为"成为扎根中国大地的新教育学派"。这样,在第一个愿景"成为中国素质教育的一面旗帜"之下,有四个改变的目标,即改变教师的行走方式、改变学生的生存状态、改变学校的发展模式和改变区域的教育生态;在"成为扎根中国大地的新教育学派"之下，有改变教育的科研范式这一目标。两个"成为"和五个"改变"就构成了新教育实验的愿景体系。

愿景一：成为中国素质教育的一面旗帜

1987年，时任国家教委副主任的柳斌明确提出了"素质教育"这一概念。"基础教育不能办成单纯的升学教育，而应当是社会主义的公民教育，是社会主义公民的素质教育。"此后，素质教育逐步成为中国教育改革与发展的主题（柳斌，1998）。遗憾的是，素质教育讲了多少年，但实际上却依然是"轰轰烈烈讲素质教育，扎扎实实做应试教育"。究其原因，就是素质教育缺乏行之有效的办法、扎扎实实的行动。

对"素质教育是什么"一直有着不同的论述，但有三个标准是公认的。第一个标准是，素质教育是面向全体学生的教育，新教育实验"为了一切的人"的理念，与这个标准是完全一致的。第二个标准是，素质教育是全面发展的教育，新教育实验倡导的"为了人的一切"的理念，与这个标准也是一致的。第三个标准是，素质教育是可持续发展的教育，新教育实验强调的"教给学生一生有用的东西"的理念与这一标准是相吻合的。从这个意义上来说，新教育实验就是素质教育的一种尝试、一种探索。

图 5　新教育实验就是素质教育的一种尝试、一种探索

更加重要的是，新教育实验以切实推进扎扎实实的书香校园等实际行动，为素质教育打下了最重要的基础。脑科学研究表明，好的阅读不仅对人的大脑生理结构产生积极影响（茂木健一郎，2013），还能滋养人的心灵，使人认识自我，超越自我。没有阅读就没有个人心灵的成长，没有人精神的发育。我们的世界观、价值观其实早在童年的阅读中就已经悄然形成，甚至决定了个体精神成长的深度和广度。人最基本的素质是精神成长，而一个人的精神发育史就是他的阅读史④。所以，素质教育应当从阅读开始，阅读应该成为素质教育的基础工程（朱永新，2012）。中国要从人口大国走向人力资源大国，从人力资源大国走向人力资源强国，如果没有阅读，是不可能实现的。离开了阅读，就谈不上素质教

育。由于新教育实验的内涵与素质教育的主旨高度契合，新教育实验理所应当成为有影响力的素质教育的一面旗帜（朱永新，2019）。

对于新教育实验而言，素质教育的成效应该主要体现在四个改变上：一是改变教师的行走方式。教师从逼着学生往前走到与学生一起成长，从专门负责检查监督的教育"警察"变成陪伴成长的朋友，从消极被动地完成教学目标到积极主动地阅读写作、享受教育生活的幸福，其行走方式得到很大改变。二是改变学生的生存状态。学生从被动地学习变为主动地学习，从作业、考试导向变成合作探究，从单一的文化课程变成艺术、运动、品德等主题丰富多样的课程，生存状态得到良好改变。三是改变学校的发展模式。学校从过去的"升学就是硬道理""分数才是生命线"，到发现比分数更美好的东西，比升学更重要的使命，从关注学生的成绩到关注学生的成长，从关注学生当下的考试到关注学生终身的发展，其发展模式也发生了变化。四是改变区域的教育生态。区域教育水平不再是以分数 GDP 论英雄，家庭、学校、社区、政府合作育人的新模式逐步形成，办人民满意的教育逐步成为全社会的共识。

愿景二：成为扎根中国大地的新教育学派

改变教育科学研究的范式，扎根中国大地办教育，努力建构新教育的理论体系、课程体系与学校文化，成为扎根中国大地的新教育学派，是新教育实验的第二个愿景。

中国有着悠久的文化传统和教育历史，但我国对世界教育的贡献是远远不够的，大概只有孔子、陶行知等少数中国教育家出现在世界教育史上[⑤]。尽管在数千年的中国教育史上，教育学派从未间断，从先秦时期的儒家、法家、墨家、道家，到宋代的理学家、心学家、事功学派，再到现代教育史上的生活教育学派、乡村教育学派、活教育学派、平民教育学派等。但是，古代学者的教育思想大多包含在他们的哲学思想之中，而生活在社会动荡时代的现代教育学者，又很少有学派形成过完整的教育理论体系。当下我们的教育理论，基本上也是言必称西方，"拿来主义"盛行。学者们讲建构主义、认知理论、人本主义、多元智能、学习科学，忽视了对本土教育土壤的适应性问题。有着悠久教育历史和文化传统的中华民族，如果不能够为世界教育贡献自己的理论，那将是我们的巨大遗憾。事实上，无论是国际借鉴还是本土传承，都需要扎根教育田野，通过实实在在的教育实践，检验和选择最适应中国国情的教育发展模式。

我们相信，在探索素质教育道路，扎根中国大地办教育的同时，也一定能够形成新教育自己的理论体系，形成新教育自己的理论风格，形成新教育自己的学术品牌，为世界教育思想宝库贡献新教育人的智慧。虽然我们知道还有很长很长的路要走，但这是一条必须坚持行走的道路。

我们知道，话语体系不仅是学科建设的需要，也是一定时代经济社会发展状态和文化传统的综合表达。"从表象上看，话语体系是作为人类交往行为中由交往主体通过语言符号建立起来的表达与接受、解释与理解、评价与认同等多重认知关系。深层地看，话语体系是受经济发展阶段、经济实力所支撑的影响力制约的，是反映民族传统、时代精神的思想理论体系的外在表达形式"（王莉，2017）。中国改革开放以来，尤其是党的十八大以来，我国对构建有中国特色的话语体系高度重视，提出加强话语体系建设，讲好中国故事，让全世界都能听到、听清、听懂中国声音，认识一个真实的、立体多彩的中国。新教育实验期望既具有国际视野，又扎根中国大地办教育，努力建构新教育的理论体系、课程体系与实践体系，成为既扎根中国大地又博采众长、兼容并蓄的新教育学派。从这个意义上来看，新教育人的努力，其实也是努力建构中国教育话语体系的一个重要组成部分。

上述两个愿景，是新教育人的共同梦想。它一方面代表了新教育团队的理论梦想，即真正地形成新教育的理论体系、话语体系、课程体系、文化体系，讲好中国教育故事，传播中国教育文化；另一方面代表了新教育团队的实践梦想，即真正地参与到中国教育变革中去，创造出操作性强、效果良好的课程与方法，探索适合中国国情的素质教育路径。两个愿景是基于五个改变提出的，愿景能否实现，在很大程度上取决于五个改变能否真正实现。新教育的所有行动与课程，都是围绕五大改变设计的。五大改变实现了，新教育的愿景也就水到渠成。

三、新教育实验的价值观

价值观反映了应该弘扬什么、反对什么、摒弃什么，决定着我们如何去完成使命、实现愿景。2007年江苏省教育学会新教育实验研究专业委员会理事会（简称"新教育研究会"）成立的时候，笔者讲演中提出的新教育精神，后来逐步被确定为新教育人应该恪守的基本价值观。

（一）执着坚守的理想主义

教育和理想是一对孪生兄弟。教育是培养人的事业，而人是物质和精神的统一体。人不同于其他动物的重要特点是人具有精神性，精神性注定了人不仅是为了当下而活着，更重要的是为追求理想而活。人的生命价值，与理想有着密切的关系。教育也是一个理想的事业，几乎所有伟大的教育家都是理想主义者。

我们正处在人类历史上的一个百年未遇之大变局的转折点上，处在一个教育大变革的时代，处在一个需要教育理想主义者的时代。我们知道，任何教育变革都会遭遇许多困难、挑战、矛盾、冲突，但是，有理想主义的情怀，无论碰到什么样的困难、什么样的挫折，我们仍然会坚定地往前走。我们相信，再渺小的一份付出，都会悄悄影响世界，增益理想的善。

新教育实验正是从理想出发的。2000年，《我的教育理想》的出版标志着新教育实验的诞生，这绝不是一个偶然的现象。此书及后来出版的《新教育之梦》，系统地从理想的学校、理想的教师、理想的校长、理想的学生、理想的父母、理想的德育、理想的智育、理想的体育、理想的美育、理想的劳动技术教育等十个方面，详细阐述了新教育实验的教育改革方向及新教育共同体的理想，昭示着新教育实验始终坚守远大的教育理念，去深入探寻未来教育的理想和理想的教育。实现这些理想，本身也是笔者发起新教育实验的初心。所以，新教育一开始就是一个追寻理想的教育实验，新教育人一开始就是一群追寻教育理想的"尺码相同的人"，是为了推动人类不断地走向崇高从而也让自己不断走向崇高的人。我们知道，这个世界需要一群"擦星星"的人，我们也愿意把自己的青春和智慧奉献给这样的"擦星星"的事业。我们一开始甚至考虑过定名"理想教育实验"，因为担心有可能被误解为德育中的一个领域"理想教育"而作罢。

新教育实验之所以高举理想主义的旗帜，是因为我们清晰地认识到，没有执着坚守的理想主义，是不可能将新教育坚持到底的。执着是一颗神奇的种子，坚守是一株顽强的野百合，理想主义是一片丰沛的土壤，当执着坚守的理想主义者真正走到一起，我们就可以看到妙不可言的教育春天。

（二）深入现场的田野意识

在所有的应用学科中，教育理论与教育实践的脱节可能是最严重的。教育研究者缺乏深入现场的田野意识和改造教育的行动力量，一线老师对艰深难懂的教育理论不感兴趣，教育理论进不了中小学学校，是困扰教育的世界性难题。

解决难题的关键，在于找到教育理论和教育实践之间的桥梁，在于用理论去武装一线的教师，在于树立深入现场的田野意识。当下中国教育有三种人："官人""学人"和"农人"。"官人"，是制定教育政策，管理教育工作的行政管理人员。"学人"，是从事教育理论研究，发表教育论著的人。

"农人",则是耕耘在教育的田野里,在校园里、教室里与孩子们打交道的一线教师和科研人员。新教育如果只有"官人"和"学人",永远不能成功。新教育更需要"农人",需要把两条腿深深扎到泥巴里的人,需要每天深入课堂与孩子们进行心与心交流的人。

在历史的星空中,那些熠熠生辉的伟大教育家,从孔子到杜威,从亚里士多德到陶行知,几乎都能担当得起"农人"角色,他们都是具有田野意识、知行合一的行动家。如,陶行知先生在《我们的信条》中直言不讳地宣称,要有"农夫的身手、科学的头脑、改造社会的精神"(董宝良,2012)。在教育史上能够留名的教育家,也大部分是有着行动力的教育理论家。

新教育实验提出的"行动,就有收获;坚持,才有奇迹"理念,是新教育的田野精神的另一种表达方式,反映了新教育人与生俱来的田野意识。新教育人清晰地意识到,脱离生活、远离课堂,关起门来写文章、高谈阔论做研究,是走不远,也是做不出真学问来的。所以,新教育鼓励教师们扎根田野,深入课堂。新教育的卓越课程、完美教室、榜样教师、智慧校长等评选活动,都强调真正来自"田野"的东西。新教育提倡师生共写随笔,不是为了培养作家,而是培养认真生活、热爱生活的人。

新教育实验提出,只有做得精彩,活得精彩,才能写得精彩。新教育期待每个参与者都沉下心来，像农夫那样扎根在大地上、田野里，在教育现场、校园课堂和孩子的悲欢中，倾听自己的内心，思考教育生活，培养田野意识。也正因为如此，新教育实验架起了一座在教育理论和教育实践之间的中介性的桥梁，帮助教育理论落地，帮助一线教师掌握理论。一旦有理论作为手中的"武器"，一线教师就会真正地拥有教育的智慧和强大的行动力量。

（三）共同生活的合作态度

如果说理想代表我们的追求，田野代表我们的行动，那么，合作则代表新教育的人际交往态度。一个人可以走得很快，一群人才能走得很远。合作，对于人类社会活动具有非常重要的意义。美国学者马丁·诺瓦克认为，合作是继突变和自然选择之后的第三个进化原则（诺瓦克，2003）。的确，无论是人类共同面对的问题，还是单一组织或者机构面对的问题，仅仅依靠个人的力量是不可能妥善解决的。正如斯坦福大学原校长汉尼斯所说，最高效团队的人员组成都在技能、看问题的视角以及个性方面拥有着最大限度的多样性（汉尼斯，2020）。人才的多样性、人与人的互补性是成就事业的前提。

共同生活的合作态度，也是新教育实验的一个重要价值观。合作的前提是平等。新教育实验是求真的事业，平等是求真的前提。新教育应该是一个只问真理的团队，不屈从于任何上下级的行政关系和不讲原则的庸俗关系。

在新教育共同体中，所有的人都是平等的。"老师"成为新教育人在任何场合下共同的称呼。只有平等了，我们才不会盛气凌人，才不会俯视这个群体中的其他人，才能尊重所有的人，才能平等地交流、真诚地"争论"，才能集思广益、形成共识。

新教育人很早就意识到，要使教育变革顺利推进，势必离不开共同体中每个成员的创造与团队协作，并把自己的事业形容为"熬制一锅石头汤"⑥。虽然新教育的参与者们散布在五湖四海，甚至素昧平生，然而仰赖于共同的理想和追求，我们在另一重意义上，又是"共同生活"在一起的。

为促进共同体成员共同成长，新教育实验建立了网络师范学院、新教育种子教师群体等成长共同体。新教育作为一个民间教育改革的团队，一直坚持：有组织结构，但没有行政压力；有激烈辩论，但没有党同伐异；有坚持己见，但没有挖墙拆台。大家在这样平等的、求真的、合作的团队里共同成长。

（四）悲天悯人的公益情怀

教育与公益本来就有着千丝万缕的关系。教育本身具有很强的公益性，甚至可以说，教育就是最大的公益。而公益本身也有一定的教育意义，伟大的慈善公益机构，在选择支持领域的时候，总是把教育作为重点。正如卡内基在《财富的声音：卡内基大传》里所说，在公益捐助的六大最佳领域里，建大学和免费公共图书馆，是公益行动的首选（卡内基，2012）。

在新教育团队内部，曾经围绕着教育的公益性和市场性进行过较为激烈的争论。作为一个民间的教育改革实验，没有政府拨款，没有资金来源，且实验推行中无论是网络运营维护，还是研发人员薪酬和实验管理工作经费都需要比较多的资金，新教育实验经常面临经费不足的问题。但是，新教育实验一开始就决定不向实验区校收费，不走市场化的道路，不举办以营利为目的的培训。从早期教育在线网站的暑期西部义务支教到为边远乡村捐赠图书，从新教育童书馆到新教育种子教师的公益活动，都是新教育悲天悯人的基因表达。

新教育一直认为，中国教育最短的板在乡村，最需要关怀的是乡村教师和乡村儿童。新教育实验学校62%是乡村学校，我们需要更多地走向边远乡村，那是最需要帮助的地方。只有那里发生了好的变化，才能说中国教育在向好的方向转变。所以，新教育基金会的重点支持对象，也放在乡村和边远地区。

图6 教育在线网站的暑期西部义务支教

在研究与推广经费方面,新教育实验一直在用最少的资金投入,撬动社会与政府多方力量支持和参与教育发展。作为一项民间教育实验,最初完全是志愿者模式,从发起人到研发人员、网站管理人员、实验推广人员都是志愿者。至今,绝大部分工作也是以志愿者为主力,通过公益项目的方式推动。因为单一的志愿者模式,很难大规模地深入开展新教育的研究推广工作,所以,在2010年成立了新教育基金会,以筹措资金扶持重要的研究项目和贫困地区的新教育工作。新教育实验一直坚持实验的公益性原则,除将研究成果无偿提供给实验区校使用外,还为农村学校和贫困地区资助新教育童书馆、完美教室、新教育工作室等，向边远地区的学校提供图书、培训等各类实验所需的支持。新教育基金会自成立以来，已经连续十年蝉联中国最权威和公正的基金会信息披露指数网站（中基透明指数）透明度第一名（并列）。

总之，新教育共同体以执着的理想为导向，秉承合作的态度，通过扎根于田野做一番公益事业的路径，力求帮助所有人过一种幸福完整的教育生活，以此成就我们的人生，成就我们的教育，成就我们的民族。这是新教育人的使命，也是新教育精神的本质内涵。

第三章

新教育实验的哲学、伦理学和心理学基础

与教育的本体论、价值论和方法论相对应，新教育实验具有自己的哲学、伦理学和心理学基础。相对于教育的本体论而言，新教育实验的哲学基础是人本论、行动论，也可以说，这是新教育实验的发展哲学和行动哲学；相对于教育的价值论而言，新教育实验的伦理学基础是崇高论、和谐论，这是新教育实验所追求的境界和倡导的目标；相对于教育的方法论而言，新教育实验的心理学基础是状态论、潜力论和个性论，这是新教育实验的基本路径与方法。

一、新教育实验的哲学基础

新教育实验的哲学基础就是人本论和行动论。"人本

论"是指"为了一切的人，为了人的一切"。教育是一个培养人的事业，是为生命奠基的事业，这是笔者在《我的教育理想》中明确提出的观点。"为了一切的人"，这里的"人"当然是一个个"具体的人"，表达的是一种"全民教育"（education for all）的理念，指在教育对象上应该面向所有的人，尤其是要关注弱势人群。以人为本，历来是古今中外优秀教育家的根本出发点。教育的对象是人，教育的主体是人，教育的目标是培养人。教育——这首先是人学。不了解孩子——不了解他的智力发展，他的思维、兴趣、爱好、才能、禀赋、倾向，就谈不上教育（苏霍姆林斯基，2006）。"为了人的一切"传达的是一种"全人教育"（holistic education）的理念，在教育的内涵上，应该"成人之美"，旨在培养全面发展、和谐发展的人，而非"一只受过良好训练的狗"。新教育不仅要关注分数，更要关注人格、关注心灵、关注生命成长。

新教育主张以人的个体生命为本位，根据个人发展的需要确定教育的目标并实施教育，从知识的人本化和学习的人本化出发，引导教育圈中每一个人发展个性、舒展自我，在教育中将人提高到"人"的高度，最终把人"还原"为"人"，达到人的"自我实现"。此外，新教育不仅关注学生，而且关注教师、关注校长、关注父母、关注一切和教育相关的人。

行动论是强调教育的实践探索，通过行动去改变教育。马克思在《关于费尔巴哈的提纲》一文中提出，哲学家们只是用不同的方式解释世界，而问题在于改变世界。新教育实验的行动哲学倡导"只要行动就有收获，只有坚持才有奇迹"。一方面，优秀的教育理论无法落地，另一方面，一线教师对理论望而生畏，不感兴趣，教育理论与教育实践相脱节是世界教育面临的一个难题。新教育实验努力成为理论与实践之间的桥梁。对于新教育实验而言，我们的定位是：当务之急不是创造多少深刻的教育理论，而是如何改进我们的教育行为。

新教育实验与过去一些教育实验有诸多的不同，"行动性"是其中很重要的一条。我们不能说过去的实验不强调行动，但是由于没有寻找到让理论落地的路径，教师们往往难以行动。新教育实验以其独有的、与以往的教育研究迥然不同的行动研究方式进入中小学，其行动性、实践性以及舍弃浮华与虚假的可行性，给教育实践带来了巨大的冲击与推动。教师们在新教育理想的感召下，唤醒了沉睡的教育激情，很快投入其中，享受着自身的成长，收获着教育的快乐与幸福。

行百里路者半九十，行动论的关键在于"坚持"。真正能够做出成效的，真正能够创造奇迹的，是那些坚持不懈的人。新教育实验的推进，也是一个大浪淘沙的过程，新教育提出的"相信种子，相信岁月"这一理念，在强调行动的同时，也特别强调坚持的意义。

二、新教育实验的伦理学基础

新教育实验的伦理学基础是崇高论与和谐论。赫尔巴特认为，教育目的可以分为两种，即"可能的目的"和"必要的目的"。"可能的目的"，是指与儿童未来所从事的职业有关的目的，也就是"学生将来作为成年人本身所要确立的目的"；"必要的目的"，是指教育所要达到的最高和最基本的目的，这就是教育的道德或者伦理目的。"道德普遍地被认为是人类的最高目的，因此也是教育的最高目的。""教育的唯一工作与全部工作可以总结在这一概念之中——道德"（赫尔巴特，2015）。

从赫尔巴特提出的教育目的标准来看，如今的教育是不够完善的。教育职责不明确，教育方向不明晰，教育标准不契合个体发展需要，这类看来简单其实决定着教育全局的根本性问题，也就是教育的伦理问题，被我们忽略了。崇高论，是指与人类的崇高精神对话。新教育实验认为，教育是一项培养人的事业，是一项通过培养人、与人类的崇高精神对话，让人类不断走向崇高、生活得更加美好的事业。教育最重要的任务，就是让教师、学生与人类的崇高精神对话，就是塑造美好的人性，培养美好的人格，使学生拥有美好的人生。因此，判断教育的好坏，应该从这样的"原点"出发；推进教育的改革，也应该从这样的"原点"开始。新教育实验之所以如此重视阅读，一个重要的原因就是人类伟大的智慧、崇高的精神，往往就在那些最伟大的作品之中。

和谐论，是指教给学生一生有用的东西。新教育实验主张，教育应该为学生的终身负责，为学生在 21 世纪的生存和发展负责，帮助学生成为一个和谐发展的人、一个个性张扬的人、一个具有自我学习和发展能力的人、一个最好的自己。

人的一生有许多比考试成绩更重要的东西，其中最关键的是关乎一个人一生幸福的习惯、技能和生活方式，这些核心素养被视为 21 世纪适应个人终身发展和社会发展需要的必备品格与关键能力（林崇德，2016）。中国学生发展核心素养框架主要包括文化基础、自主发展和社会参与三个方面。这三个方面又分别包含人文底蕴与科学精神、学会学习与健康生活、责任担当与实践创新六大素养（核心素养研究课题组，2016）。可以发现，核心素养是知识、能力、情感、态度、价值观的综合体现。比如，人文底蕴里既有对人文积淀的知识要求，也有对人文情怀和审美情趣的情感要求与态度要求；科学精神里既有对科学知识与技能的要求，又有对理性思维、批判质疑和勇于探究等思维品质的要求。而学会学习、健康生活、责任担当、实践创新里面都包含了对人的学习习惯、学习技能、生活态度与价值观的要求。

中国学生发展核心素养框架是2016年正式提出来的。以此观照新教育实验的课程与项目设计，可以发现我们在更早的时候，从实验开始就是从学生的终身发展这个立足点出发的。新教育实验的晨诵、午读、暮省课程，"每月一事"习惯养成课程，以及智识课程、德育课程、生命课程、艺术课程等课程的设计与实施，无不充分考量了学生的身心健康和谐发展、个体生命与社会生命的和谐发展。

三、新教育实验的心理学基础

新教育实验的心理学基础是状态论、潜力论和个性论。状态论，是指重视精神状态，倡导成功体验。在现实的教育生活中，只有具备良好的精神状态，才会"不待扬鞭自奋蹄"，才会自强不息，坚持不懈。无论是教师还是学生，影响他们成长的最重要的要素，往往就是这样的精神状态。英国伦敦大学教育学院的卢金老师在《智能学习的未来》中提出了学术智能、社交智能、元认识智能、元认知智能、元主观智能、元情境智能、自我效能感等七大要素。她认为，从根本上来说，一个人的智能是与其社会互动能力紧密相连的。"智能不仅源于人际互动,而且也越来越多地体现在人际互动之中"(卢金,2020)。所以,人类想要在 21 世纪不断取得发展和进步,就需要在真实的人际互动中、在真实的社会互动中锻炼各种智能。卢金的理论,为新教育重视精神状态,倡导成功体验提供了实施路径的依据。

唤醒潜能、激发力量、促进教师和学生走向成功,这是新教育实验的一个重要观点。新教育实验主张,学校教育要给学生创造感受成功、体验成功的条件,从而使其不断增强自信,不断挑战自我。通过让学生在教育中获得成功的体验,尔后在成功的体验中确立新的目标,求得更大的进步。对于教师来说也是如此。新教育的教师成长,不仅仅表现在专业发展上,更重要的是激发了内在的事业心和职业自豪感。在这一点上,新教育实验与西方的积极心理学有异曲同工之妙。2000 年,我国新教育实验正在兴起,西方的积极心理学几乎也在同时诞生。2000 年 1 月,马丁·塞利格曼发表了论文《积极心理学导论》,以研究人类的积极心理品质、关注人类的健康幸福与和谐发展,倡导心理学的积极取向,这与新教育倡导的幸福完整的教育生活有异曲同工之妙。新世纪开始,东方和西方不约而同地关注人的幸福与成长问题,关注人的积极的心理状态与良好的生活态度。

潜力论,是指"无限相信师生的发展潜能"。心理学的研究表明,每个人都有着巨大的潜力空间,孩子和教师身上的潜力怎么去评估都不会过分。而只有自信，才能使教师和学生的潜能得到充分开发，才华得到充分展示，从而获得"高峰体验"。教育应该是一个不断培养自信心的过程，应该是一个扬长的过程，而不应该是一个补短的过程，不应是一个不断摧毁自信心的过程。所以，教师非常重要的任务之一，就是启动学生的心理自信系统，让学生在自信中不断地追求成功、设计成功、撞击成功。而教师自己的自信，也是他们创造力和教育智慧的源泉（朱永新，2017）。新教育实验主张，要无限地相信教师和学生的潜力，为其体验成功与自信搭建舞台、创造空间。而自信能够创造奇迹，我们给教师和学生多大的舞台，他们就可以演绎多大的精彩；我们给教师和学生多大的空间，他们就可以创造多大的辉煌。

　　个性论，是指"强调个性发展，重视特色教育"。个性发展是指个人在禀赋、气质、兴趣、情感、思维等方面的潜在资质得到发现，心灵自由和精神世界的独特性得到尊重，思考的批判性、思维的独特性和思想的创造性得到鼓励。也就是说，教育实践中应充分正视和发展师生在心理方面存在的差异性，把每个人培养成更好的自己。新教育实验崇尚的是个性与特色。我们一直认为，特色就是卓越，最好的就是最有特色的。特色是在学生和教师个性张扬下发展起来的，是在学校、社会共同呵护下发展起来的，是在活动的过程中逐步形成的。新教育希望每个学校都办出特色，每一位老师和学生都拥有自己的个性和特长，让每一个人成为他自己。有了特色，学校就是与众不同、值得尊敬的组织，学生和老师就是大写的人。

第四章
新教育实验的十大行动

新教育实验一开始就自觉地把"行动"二字写在了自己的旗帜上。今天的中国缺少的不是批评家,不是理论家,而是真正的行动家。对于一线老师而言,他们需要的是能够解决课堂问题的理论,需要的是行动研究。正如笔者对《中华儿女》杂志记者所说:"中国教育有弊端,但怒目金刚式的斥责和鞭挞,虽痛快但无济于事。对于中国教育而言,最需要的是行动与建设。只有行动与建设,才是真正深刻而富有颠覆性的批判与重构。"(王海珍,2019)

2002年,新教育实验最初从昆山玉峰实验学校起航的时候,提出了"五大行动"。后来,我们增加了"构筑理想课堂",并且提出了"6+1"的家校合作共育。2013年,我们正式提出了新教育的"十大行动"。有人一直追问:新教育的十大行动,内在的结构是什么?理论的逻辑在哪里?我们的回答是:新教育的十大行动不是一个严格的理论体系,而是一个行动的逻辑，是根据当下中国教育存在的问题，为解决当下学校教育面临的困境精心设计和安排的。新教育实验发展的过程中，行动路径也是在逐步完善的。

一、营造书香校园

"营造书香校园"，指通过整合丰富的阅读资源，开展多彩的读书活动，创造浓郁的阅读氛围，让阅读成为师生的日常生活方式，进而推动书香社会的形成。这是新教育实验的十大行动之首，是最重要、最基础的行动。书香校园建设，在任何一个阶段的学校都具有基础性、根本性的作用。小学阶段是学生阅读兴趣、阅读能力和阅读习惯养成的最关键时期，在小学落实营造书香校园活动尤为重要。新教育的阅读观认为，一个人的精神发育史就是他的阅读史，一个民族的精神境界很大程度上取决于这个民族的阅读水平，一所没有阅读的学校永远不可能有真正的教育，一座书香充盈的城市才能成为美丽的精神家园，共读共写共同生活才能拥有共同的愿景、共同的语言、共同的密码和共同的价值（朱永新，2012）。

学校，在本质上就是师生一起阅读、实践、探索、求知的地方。没有阅读，就没有教育，当然也谈不上学校。一所学校可能什么都齐全,但如果没有为了人的全面发展和丰富精神生活而必备的书,或者如果大家不喜爱书籍,对书籍冷淡,那么,就不能称其为学校。一所学校也可能缺少很多东西,可能在许多方面都很简陋贫乏,但只要有书,有能为我们经常敞开世界之窗的书,那么,这就足以称得上是学校了(苏霍姆林斯基,2016)。可见,书香校园应该是学校甚至教育的基本条件和本质特征。

图7 如东县实验中学的书香连廊

教育公平的基础是阅读公平,书香校园建设有助于以促进阅读公平来推进教育公平。美国著名学者赫希指出:阅读的差距,恰恰是社会不公平的重要原因所在,"阅读能力是民主教育事业的核心,被恰如其分地称为'新民权前沿'"(赫希,2017)。赫希认为,与经济繁荣和社会公平相比,解决阅读问题才是当下最为紧要的事情。他发起的核心知识运动,就是努力让所有学生能够和那些最伟大的经典对话,用阅读填平社会的沟壑。

如何营造书香校园呢?新教育实验提出,首先,应该营造一个以图书馆为中心的健全阅读空间,让学校有浓郁的阅读氛围,成为真正的读书场所,成为师生共同的精神乐园。将学校图书馆、年级图书广场和班级图书角建设作为首要的投入方向,尽可能做到在学校的任何地方,书籍都能触手可及。应该让学校最有学问、最爱阅读的老师担任图书馆馆长,把图书馆变成真正的学习中心。图书馆尽可能全天候开放,允许学生随时到图书馆查找资料,进行研究性学习。可以结合教学内容把相关的图书放到年级的图书广场和班级的图书架,让学生更加便捷地得到需要的图书。

其次,图书的配备也是营造书香校园不可忽视的重要问题。应该精心选择和采购适合不同年级师生的图书,满足不同学科学习与项目式学习的需要。读什么的问题,在中小学阶段特别关键,特别重要。如果在这个阶段学生接触到最好的图书,他们就能形成一个好的阅读趣味,就能够逐步学会鉴别什么是好书什么是不好的书。阅读的高度决定精神的高度,应该让学生利用有限的时间读到最高品质的图书,与大师对话，与经典为友。为此，新教育实验专门研制了《中国幼儿基础阅读书目》《中国小学生基础阅读书目》《中国中学生基础阅读书目》以及教师、父母等群体的阅读书目。

再次，为了保证阅读时间，新教育实验开发了形式多样的阅读课程。多年来，新教育实验研发了晨诵、午读、暮省的儿童课程，推出了新教育整本书共读和儿童阶梯阅读的项目，提出了学科阅读与学科写作的理念，使阅读课程化得到了落实。

最后，是关于阅读活动的开展问题。新教育学校在营造书香校园的实践中，创造了丰富多彩的阅读活动——从9月28日的校园阅读节到形形色色的阅读主题月，从图书漂流到图书跳蚤市场，从阅读之星评比到阅读班级竞赛，从自制图书展示到撰写图书评论，从图书戏剧表演到名著影视欣赏等。

我们坚信，没有书香的校园，不是真正意义上的学校；没有书香的校园，只是一个教育训练的场所。营造书香校园，是新教育实验为学校打下精神底色的一项最重要的活动。

二、师生共写随笔

"师生共写随笔"是指通过撰写教育日记、教育故事、教育案例分析和学习心得等形式，师生记录、反思日常的教育和学习状况，交互书写，相互编织，彼此润泽，共同成长。新教育实验之所以提出"师生共写随笔"这一行动，是因为写作在师生成长过程中具有不可替代的重要作用，真正的思考是从写作开始的。而教育随笔（日记）不仅是教育者进行思考和创作的一种重要形式，是"批判反思型教师"成长的必由之路，也是学生思维发展的有效形式。如果说阅读是站在大师的肩膀上前行的话，那么写作就是站在自己的肩膀上攀升。无论是教师还是学生，为了写得精彩，就必须做得精彩、活得精彩。通过坚持不懈地努力，慢慢养成习惯，阅读、思考、写作便成为教师和学生的日常生活方式，使之终身受益。

关于写作的意义，笔者曾经说过，写作的人是文字的魔术师。无论是英文的 26 个字母，还是中文的几千个方块字，它们的组合变化抵得上任何奇妙的化学反应。通过各种搭配，这些文字可以创造出世界上最神奇的东西。写作的人一定也是伟大的观察家。他不仅需要一颗纯洁的心灵，更需要一双善于发现的眼睛。写作的人能够看到别人无法看到的世界，发现别人无法发现的风景。写作的人也是一个智慧的思想者。"学而不思则罔，思而不学则殆"，学习更多的是通过阅读来进行的，而思考更多的是通过写作来进行的。深入思考通常也是从写作开始的。写作的人同时也是历史的创造者。历史不仅是现在客观发生的事,也是历史学家的历史,是记录者眼里的历史。写作不仅仅记录着我们所处的时代,也记录着我们自己的生活,书写着我们每个人自己的生命传奇(朱永新,2016)。

新教育认为,师生写作不是为了培养作家,而是培养真正的思考者。写作者一定会成为一个会思考的人,一个幸福的人,一个更好的自己。在一定意义上可以说,写作与阅读一样,本身就是培养批判性思维,养成反思性习惯的重要路径。

新教育的教师专业写作可以分为五种类型:教育感悟、教育叙事、教学案例、教育案例、师生随笔。它具有以下几个特点:一是强调理解与反思,反对表现主义。二是强调与实践相关联。三是强调客观呈现,反对一味追求修辞。四是主张师生共写随笔,即师生通过日记、书信、便条等手段相互编织有意义的生活。五是注重案例研究。目前,新教育的教师专业写作,与专业阅读、专业交往一起,已经成为教师专业发展的"利器",帮助教师通过反思更好地认识学生、认识自我、理解教育。而新教育的学生写作,也先后推出了新教育"听读绘说""说写课程"等,在中小学教学中发挥了重要作用。

三、聆听窗外声音

"聆听窗外声音",指通过开展学校报告会、参加社区活动、研学旅行等形式,充分利用社区教育资源,引导学生热爱生活、关注社会,形成多元价值观。新教育实验之所以要求"聆听窗外声音",是因为我们注意到现在很多学校实行关门教育,学校与社会缺少沟通和交流,师生很少关注社会上的重大事件,社会上丰富的教育资源也没能得到学校的充分利用。如果我们的教育让孩子们整天以为自己是一切事物的中心,一切都不过是为了提高自己的知识、能力、竞争力,没有关爱心、共情力,就不能培养出真正有远见卓识的人才。

新教育认为,学校的格局有多大,未来孩子们的胸怀就有多大。学校里看到的世界有多大,未来孩子们的发展空间就有多大。有多少英雄伟人到学校访问过,演讲过,交流过,就有多少英雄伟人的优秀品质扎根于孩子们心中。如果学校关门办学,师生就会孤陋寡闻。如果教师缺乏人生阅历,就难以成为孩子心中的榜样,就难以点燃孩子的人生激情。"聆听窗外声音",可以引导师生关心社会,形成多元的价值观;开展"与大师对话",增进与大师面对面的交流,可以培养师生创造的激情和欲望。与社会的接触,能引导师生听到真实的声音，看到真实的世界，寻找到人生和社会发展的本真价值和意义。

这些年来，新教育实验在"聆听窗外声音"的行动上也做了很多有益探索。许多学校把行动课程化，不少学校每学期会邀请国内外或者社区内外的名家、校友、学生父母等到学校分享他们的成长故事和专业经验，也有学校利用网络资源，丰富并扩展教材、课程、教室、校园内容，让师生"风声雨声读书声，声声入耳；家事国事天下事，事事关心"。

四、培养卓越口才

"培养卓越口才"，指通过讲故事、演讲、辩论等形式，鼓励孩子愿说、敢说、会说，从而增强其终身受益的自信心、沟通能力和表达能力。新教育实验之所以要提出"培养卓越口才"的行动，一方面，是针对长期以来不关注学生表达沟通能力训练的教育现状。我国的传统文化鼓励"抱朴守拙，讷言敏行"，课堂及其他场合很少鼓励师生讲话，发表意见。另一方面，是因为口才对于教师与学生的发展非常重要。愿意讲话、敢于讲话、敢于表达思想、能清晰地表达思想，是强烈自信心的表现。愿意沟通、善于沟通、勇于表达，也是现代社会人际交往不可或缺的基本功，这就是所谓的

"社会智能"。表达沟通能力中的"说"即沟通很重要,"说"后面的思想更重要,要想说得精彩,就必须思考得精彩。

新教育实验在"培养卓越口才"的行动上已研发了较多具有针对性的活动形式。如,在晨诵课程中,通过朗读吟诵培养口才;在每周的班会课程和每月一事中,通过交流分享培养口才;在每学期的生命叙事剧排练和演出中,通过情景演绎培养口才;在儿童口头作文课程中,通过直接表达对某一话题的见解进行口才训练。卓越口才训练除了可以提升学生的表达沟通能力,对于教师来说也是一个非常重要的行动。如,许多学校通过开展教师读书分享会、研究课题报告会等形式,为教师创造训练口才的机会和平台,在活动中提升教师的表达、分享和沟通能力。

培养口才,离不开"对话"。戴维·伯姆在《论对话》中明确指出,交流、对话、论辩的本质"不在乎谁输谁赢,它也不关心谈话是否一定要达到一个结果:它追求的是平等、自由、公正地进行交流和沟通。谈话者之间互相尊重彼此的人格、观点和观念,能够形成充分的友谊和信任感。每个人都认真地倾听他人的意见和想法,每个人也都能彻底地表达出他内心深处最真实的想法和看法,然后让不同的观点和意见之间彼此碰撞、激荡、交融,从而让真理脱颖而出"(伯姆,2004)。学会这种"对话"的境界,正是新教育培养卓越口才行动必须努力追求的方向。

五、构筑理想课堂

"构筑理想课堂",是指本着平等、民主、和谐的课堂理念,在课堂上建立人类文化知识和学生生活体验之间的有机联系,实现课堂的个性化和高效性,让师生产生与知识、生活和生命的深刻共鸣。新教育实验之所以提出"构筑理想课堂",是因为课堂是学校最重要的教育形式,是学校最重要的舞台,是师生生命展现的最重要的场所。学校的教学任务主要是通过课堂教学来完成的,课堂生活的质量直接关系着学校教育的成败和学生生活的质量。在一定意义上可以说,没有课堂就没有教育。

从2002年开始,新教育实验展开了关于理想课堂的探索,明确提出理想课堂"六度":一是参与度,即实现学生的全员参与、全程参与和有效参与。二是亲和度,即师生之间进行愉快的情感沟通与智慧交流。三是自由度,即学习上更尊重学生的个性选择。四是整合度,即整体地把握学科知识体系。五是练习度,即增加学生在课堂上动脑、动手、动口的机会。六是延展度,即在知识整合的基础上向广度和深度延展,从课堂教学向社会生活延伸。六个维度,分别从主体、情感、生态、知识、实践、生活和生命等不同角度,对学生的课堂学习过程与水平进行了分析。

2004年,新教育实验确立了"六大行动"框架,其中"构筑理想课堂"成为重要组成部分;2006年,关于理想课堂的三个研究目标确立,即"构建有效课堂""课堂的多元文化理解"和"风格与个性化课堂";2008年,新教育实验提炼出理想课堂的"三重境界":第一重境界是落实有效教学的框架;第二重境界是发掘知识这一伟大事物的内在魅力;第三重境界是引发知识、社会生活与师生生命的深刻共鸣。与六个维度不同的是,三重境界更侧重于从教师的教学过程反思课堂。

图8 理想课堂研讨

第一重境界注重讲效率、保底线，由五个部分组成：一是解读教材及学生（这是教师的备课阶段，主要是教师对教材的理解以及对学生的了解）。二是确定教学目标（A类：基础性、阶梯性目标，为核心目标搭梯的知识；B类：核心目标，即掌握课堂教学重点与教学内容；C类：附着性、拓展性目标，即提升学生的思想、情感、价值观等。另外还有针对不同学生的个性化目标）。三是明确预习作业。预习是学生独立学习的机会，不应只是为课堂教学做一些准备工作，而应尽可能地针对所有教学目标，是真正的自主学习。四是设计严谨的教学板块。教学板块一方面将课堂清晰划分为若干板块，标注每个板块要解决的目标及可能所需时间，在讲究必要的节奏、方式灵活多样的基础上，让教学过程更有计划、富有成效。另一方面是对课堂上学生个体学习的预设与规定。教师列出个体学生学习清单，是为了真正确立"教为学服务，让学生的学习成为课堂的真正核心"的思想。我们一般把教师的教用左手栏来表示，学生的学用右手栏来表示。五是反思教学。这个框架继承了传统的"目标—策略—评估"的教学基本过程，但在两个地方有创新：强调以精确目标为课堂教学统帅；从备课开始，全程都确保、还原了学生独立完整的学习过程。这个过程，让教学从传统的知识推送模式，变成师生共同探索和解决问题的共生模式。

第二重境界注重讲对话、重品质。第一重境界更多的是围绕着教材，第二重境界则围绕着文本。这一境界所讲的"知识"，不仅是教材上的知识，更包括教材之外的相关知识；不是静态知识的片段堆砌，而是动态知识在不同背景下的整体把握。这里所讲的"发掘"，是指从提问到解答的完整过程，即探索中的发现和探索后的重现，既指方法又指方向。这里所讲的"魅力"，其核心是智力挑战、思维训练。一方面是指知识对师生智力上的吸引与挑战，另一方面则是学生在教师的引领、陪伴、协助、督促下，按照可遵循的规律去探索，在这一过程中不仅可以习得相应的技能，更能掌握学习的方法。所以，为了真正实现教学过程中教师、学生、文本三者之间的深入对话，需要通过人与知识（世界、文本）的对话、人与他者（教师、学生、其他读者）的对话发掘知识这一伟大事物的内在魅力。

第三重境界注重讲个性、求境界。在第三重境界，知识不再是一个死的体系，而是一个活生生的存在，并在激发起师生的强烈反响后，内化为师生的生活、生命的一部分。这个阶段的理想课堂，是从知识的丰收转换为生活的丰富、生命的丰盈。这种转换是在人拥有知识、习得技能之后，通过回望、反思自身的顿悟而实现的。关于"共鸣"，深层的理解是知识的学习能够帮助师生激活生命，享受学习，不断地发现新的生命潜能和新的生命状态，学生是越学越想学，越学越聪明，教师是越教越能教，越教越智慧，师生在课堂生活中不断地成长，不断地遇见更好的自己，获得共同成长的快乐。

六维度和三境界，如经线和纬线，编织出新教育充满活力、情趣与智慧的理想课堂。

六、建设数码社区

"建设数码社区"，是指通过加强学校内外网络资源的整合，建设学习型的网络社区，引导师生利用网络进行学习和交流，培养其信息意识和信息应用能力。新教育实验之所以要提出"建设数码社区"的行动，是因为我们清晰地认识到，信息技术革命是新教育的"助产婆"，是新教育得以实现的桥梁和通道。新教育共同体以新教育实验学校为基地，以教育在线为网络平台，通过加强各类数字化学习资源的整合和应用，建设家庭、学校、社区一体化的"数码社区"进行网络学习、交流，在实际应用和操作中提高收集、加工和应用各类信息的能力，促进人的全面发展。

在新教育实验诞生之初，"建设数码社区"就是我们提出的五大行动之一。因为网络的平等性和开放性，打破了传统教育资源垄断的局面，在这样的背景下，谁拥有了网络，谁就能够拥有信息，谁就能成为教育的主人。所以无论是从现代社会的发展，还是从教育自身的发展来看，无论是从新教育实验的发展，还是从建设新教育共同体的发展来说，都需要加快建设数码社区的步伐。数码社区的"社区"概念是超越校园的，着力建设新教育的网络共同体，可以帮助更多的农村和边远地区学校健康发展，帮助更多的师生成长。

能不能具有很强的信息意识，能不能判断信息的价值，能不能有强烈的重视信息的敏锐感，是信息变革时代信息获取有效性的重要评判指标。新教育实验"建设数码社区"的一项重要目标，就是培养教师和学生具有强烈而自觉的信息意识。培养师生全面而快速地获取信息、查找信息的能力，加工信息、应用信息解决问题的能力以及主动而和谐的信息交流能力，也是建设数码社区的题中应有之义。

在 21 世纪初，新教育实验就建立了自己的网站"教育在线"，在传播新教育理念、汇聚一线教师方面发挥了重要作用。为推进数码社区建设，我们倡导建设具有地域特色、学校特点、教师个性特征的资源网，实验学校把自己的资源（如教案学案、备课资料，甚至课堂在线等）上传，进而实现资源共享，通过分享交流，可以有效防止学校间的重复开发、重复劳动、重复购买等资源重叠问题。我们还鼓励部分新教育实验学校建立新教育的师生电子档案，建立新教育实验的网络课题管理系统，注重网络道德建设等。2009 年，我们正式建立了网络学习共同体"新教育实验网络师范学院"。2016年，我们研发并推出了新教育研究院的App。

2019年，笔者编写的《未来学校：重新定义教育》一书，在一定意义上就是对网络时代下教育变革与学校发展问题的思考和对建设数码社区行动的总结。在此书中，提出传统的学校概念将被新的学习中心取代，教学（teaching）的概念将变为学习（learning）的概念，教师（teacher）将成为成长伙伴（partner），标准化（standardization）教育将变为定制化和个性化（customization and personalization）教育（朱永新，2019）。为此，我们建议国家加强顶层设计，建立真正以学生为中心的教育社区，建立教育的国家标准和国家教育资源库，建立基于互联网的教育考试评价制度，推动数码社区的建设。

七、推进每月一事

"推进每月一事"，是根据学生的身心发展特点及学校与社会生活的节律，每月开展一个主题活动，通过主题阅读、主题实践、主题展示、主题评价和反思等方式，丰富学校生活，从多角度培养学生良好的行为习惯和公民意识。

新教育实验之所以要推出"推进每月一事"的行动，是因为我们主张教给学生一生有用的东西。什么是学生一生有用的东西？无疑就是伴随着他们的良好习惯，包括读书的习惯、思考的习惯、遵守规则的习惯、做事情有计划的习惯、锻炼身体的习惯、感恩的习惯等。根据心理学习惯养成规律和社会生活节律，新教育通过每月重点培养一个好习惯的方式，在整个中小学阶段螺旋式训练，以帮助学生养成一生受益的习惯，其中包括12个习纲和36个习目专题。如图9所示：

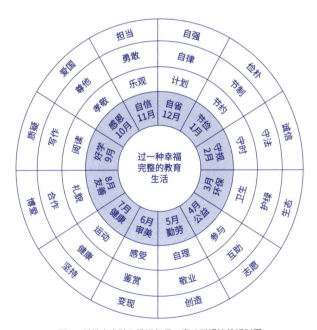

图9 新教育实验"推进每月一事"习惯培养规划图

新教育实验的"推进每月一事"项目,具有独特的教育价值取向。"每月一事"的习惯养成,所养成的不是零碎的杂乱的习惯,而是以习惯为路径,明确指向教育生活的幸福完整,明确指向一个人的人格塑造。我们以自我发展、社会交往和文化学习为维度安排12个习纲,不仅直接有利于自然生命的延长、社会生命的拓宽和精神生命的提升,也与国家提出的核心素养结构相呼应。此外,"推进每月一事"也契合了家校生活的节奏和儿童生命的节律,两者也是设计"每月一事"项目的经线和纬线。我们以年为学习周期整体设计每个月的主题,包括了寒假、暑假,让家庭、学校教育有机地形成一个整体。

大量新教育实验学校的实践证明,通过这一习纲清晰、主题鲜明、习目完整、经纬交织而成的"推进每月一事"项目,学生们的节俭、守规、好学等优良习惯在润物无声中悄然养成,感恩、勤劳、友善等高尚人格也在习惯养成中逐步发展,生活在人格发展中幸福完整。

八、缔造完美教室

"缔造完美教室",是指在新教育生命叙事和道德人格发展理论的指导下,以理想课堂的三重境界为目标,师生通过

"晨诵、午读、暮省"共同建构知识和编织生活，形成有个性特质的教室文化，书写一间教室的成长故事。

新教育实验之所以要提出"缔造完美教室"的行动，是因为教室在师生生命中具有特别重要的意义。同样是一间教室，是平庸、冷漠，还是完美、温馨，对于每个孩子生命成长的意义完全不同。学生生命中最重要的一段时光是在这个叫作"教室"的地方度过的，他们的成就与挫败、悲哀与喜悦也源自这个叫作"教室"的地方。教室作为一个生命场，不同于传统的班级。班级更多是组织的概念，完美教室比传统的班级更具有张力；班级中更多强调的是班主任，完美教室则更强调师生的共同行动。新教育实验"缔造完美教室"的行动有三个重要特征，即汇聚美好事物、呵护每个生命和擦亮每个日子。

首先，完美教室应该成为汇聚美好事物的地方。完美教室应该把新教育的愿景、新教育的文化、新教育的课程完美地融合在一个教室的空间里。学校应该成为汇聚伟大事物的中心，而教室应该让学生在这里与人类最美好的东西相遇。

其次，完美教室应该呵护每个生命的成长。完美教室应该是生命的绽放，每个孩子，所有的生命都应受到关注，得到重视。新教育开展的生日诵诗、生命叙事剧、生命颁奖等，就是围绕生命展开的。

再者，完美教室应该擦亮每个日子。孩子和日子，是新教育完美教室的重要概念。新教育的完美教室里有独特的庆典，有特别的节日，这些都是教室的独特性。要让孩子们和老师们每一天都过得幸福、充实，每个日子都让学生期待，每个日子都成为师生生命中重要的日子，完美教室让每一个生命都绽放出美丽的花朵。

九、研发卓越课程

"研发卓越课程"就是要在执行国家课程和地方课程、校本课程的基础上，鼓励教师对教材进行二次开发和整合创造，通过课程创新使课堂成为汇聚美好事物的中心，并引领学生进行认知体验、合作探究，建立知识与世界的内在联系，将所有与伟大知识的相遇转化为自身的智慧，从而使得师生的生命更加丰盈。

新教育实验之所以提出"研发卓越课程"的行动，是因为课程对于师生成长具有特别的价值。师生共同经历的课程，不应是一堆知识的罗列，而应让知识具有生命的温度和生活的厚度。让学生在课程学习中学会热爱生活、热爱生命，成为具有德行、审美、情感、智慧和能力的人。

新教育实验通过 20 年的研究，提出了一个以生命的幸福完整为终极目的和当下尺度，以哲学、心理学、教育学、社会学及相关学科理论为潜在的理论工具，以活生生的人为中心的未来课程体系。这个体系拥有以新生命教育课程为基础，以新智识教育课程（真）、新德育课程（善）和新艺术教育课程（美）作为主干，以"特色课程"（个性）作为必要补充的课程结构。

（一）新生命教育课程

教育是为生命奠基的，涵养生命是教育的天职。对生命的发现、挖掘、探索、提升和追寻，是教育的永恒主题。新教育的生命教育课程，以"过一种幸福完整的教育生活"为核心理念，围绕人的自然生命、社会生命和精神生命展开，旨在引导学生珍爱生命，积极生活，幸福人生，拓展生命的长度、宽度和高度，从而让每个生命成为最好的自己。

新教育研究院已经研发了新生命教育专设课程，出版了中小学系列的《新生命教育读本》（朱永新，冯建军，袁卫星，2017）。这是一门以学生生命为原点，以其生活为主线而组织的活动性综合课程。课程具有三个主要目标：

一是珍爱生命。认识生命的特点、发展规律及其意义与价值，珍惜自己生命，尊重他人生命，敬畏自然生命；掌握生命安全与身心健康的知识、技能，保持心理和情绪健康，预防各种可能的生命伤害事件的发生，不伤害自己生命，也不伤害其他生命。

二是积极生活。保持积极心态，勇敢地面对挫折，养成良好的生活习惯和乐观的生活态度，具有良好的人际沟通能力；同情和关心弱势群体，遵循社会公共规则，具有社会公德、正义感和责任心。

三是幸福人生。感受生命的珍贵，树立远大的理想和坚定的信仰，合理规划人生；激发生命的潜能，不断提升、充实自己，追求生命的崇高与伟大；超越"小我"，关心国家、社会和人类，形成中国灵魂和世界胸怀。

（二）新智识教育课程

新智识教育课程类似于通常所说的文理课程，主要包括语文、数学、外语、科学（或物理、化学、生物）、历史与社会（或政治、地理）等。之所以不用文理课程或智力课程的概念，是因为"智识"更能够准确表达我们对于课程本质的思考。课程的根本目的不是传授知识，而是形成用以统领知识的智慧和运用知识的能力。但这一目标的实现又是以"知识"为媒介的。新教育努力让知识拥有温度，将知识引向智识，引向智慧。新教育把智识教育课程分为新科学教育课程和新人文教育课程两个领域。

第一，关于新科学教育课程。科学的焦点是人与物的关系，本质是求真和创新。新科学教育课程最重要的目标是教会学生处理人与物的关系，培养科学素养，包括科学知识、科学观念、科学思维、科学方法、科学精神五个方面。科学知识指从科学视角形成的对自然现象的基本认识，是科学研究的结果，包括内容知识和方法知识。科学观念指对科学研究的过程、结果及应用价值等的概括性理解和认识。科学思维是科学家思考问题的方式，科学方法指科学和工程实践过程中解决问题采用的手段和行为。科学精神是指科学的态度和价值追求。"科学知识"是科学研究的结果，是科学教育的载体，"科学观念"是科学的基本信念，对科学教育具有导向作用，"科学思维"和"科学方法"体现的是科学的智慧，是实现科学创新的手段和途径。科学精神是科学的价值追求，是新科学教育的终极目标。

新科学教育的课程究竟如何实施？这无疑是科学教育改革的首要问题。目前的科学教育内容庞杂、学科分割、知识堆砌的情况比较严重。爱因斯坦说"科学的目的，一方面是尽可能完整地理解所有感性经验之间的关系，另一方面是通过少数的基本概念和基本关系的使用来达到理解的目的"（爱因斯坦，1976）。英国科学教育专家温·哈伦也指出"科学教育的目标不是去获得一堆由事实和理论堆砌的知识，而应是实现一个趋向于核心概念的进展过程，这样做有助于学生理解与他们生活相关的事件和现象"（哈伦，2011）。也就是说，科学教育应该以少数的基本概念及其基本关系来展开。由于科学知识的广阔性，课堂时间和空间的有限性，精心选择最有价值的科学大概念[7]，发挥其在学生发展中的最大作用，应该是科学课堂改革的关键。

如何选择科学的大概念？美国《下一代科学标准》（NGSS）制定者提出了核心概念的四条遴选标准，并明确指出符合其中两条及以上标准的概念才可以定为核心概念[8]。哈伦和来自世界各国的科学家也提出了选择大概念的7条标准[9]。根据这个标准，哈伦等选择了14个科学大概念，其中关于科学知识的大概念10个，关于科学自身的大概念4个[10]。

不论是美国的《下一代科学标准》，还是哈伦等提出的14个科学大概念，都有一定程度的跨学科性。围绕科学大概念学习相关的基本知识，了解科学研究的基本方法，形成基本的科学思维和科学精神，对科学探索保持兴趣和尊敬是最重要的。所以，我们认为义务教育阶段为所有人开设的科学教育课程，不必刻意分成不同学科，未来基础教育阶段的分科学习主要在高中，一方面为学生了解不同的科学学科提供机会，另一方面为未来向科学方面发展的人做准备。所以未来物理、化学、生物、信息技术等可能更多地会以选修课程的形式出现。通过有意义的主题组织科学核心概念，以综合化的项目学习开展科学探究实践，是未来科学教育发展的趋势。

2017年教育部制定的《小学科学课程标准》正是遵循了科学大概念的原则，从物质科学、生命科学、地球和宇宙科学、技术与工程四个领域选择了适合小学生学习的18个主要概念。除了关于科学自身的概念外，与上述哈伦等的大概念基本吻合。

新教育认同以科学大概念来组织科学教育的理念，并准备从科学大概念的角度组织科学内容，把中小学的科学课程用科学大概念的体系贯通起来。在内容选择时，从涉及个人幸福、国家利益和社会发展的最重要的科学应用领域入手，包括：生命与健康、农业与制造、建筑与交通、信息与通讯、能源与资源、地球与环境、灾害和防灾、科学技术前沿（航空航天、人工智能、纳米材料、基因改造等）等领域。这些领域中的科学素养对个人和社群维持、提高生活质量及制定公共政策具有特殊价值。在围绕核心概念编排科学教育的内容时，我们会重点把握以下几点：

一是关注概念的层次性。即注意核心概念在不同教育阶段的进阶过程。如物质及其相互作用包括物质结构与性质、化学反应、核反应，能量这一概念包括能量的定义、能量和能量转化守恒、能量与力的关系，对这些核心概念的掌握应该是一个螺旋式上升的过程。

二是关注概念的一致性。即学生对科学概念的理解要与科学家的理解一致。这是因为学生对事物和现象的理解是有前概念的，有些经验概念与科学概念是相异的，转变学生的概念观点是科学教学的难点，也是提升科学教学质量的关键。我们主张学生经过科学探究学习，批判性地审视科学证据，进而发展出对科学现象的一致性观念。

三是关注概念的关联性。即核心概念往往具有跨学科性，具有在不同情境中解释现象和解决问题的能力。帮助学生借助于核心概念的"生产机制"，意识到概念之间的联结性，并能够将概念联系运用到身边的情境之中，是科学教学的重点（林，艾伦，2016）。

关于如何实施与推进科学教育，新教育提出了必须遵循的六大原则：注重科学与人文相结合，让科学教育更有温度；注重动手与动脑相结合，让科学教育更有力度；注重校内与校外相结合，让科学教育更有长度；注重分科与融合相结合，让科学教育更有深度；注重传统与现代相结合，让科学教育更有高度；注重全体与个体相结合，让科学教育更有广度。

为了让学生在科学教育中领悟科学的魅力，体验科学实践的完整性，更深刻地理解科学的本质，使科学教育在师生的幸福完整教育生活中发挥积极的作用，新教育致力于研发新教育理念下的科学教育课程；致力于探索基于解决问题的项目式学习；致力于推进科学教师的专业化成长；致力于建构以家校共育为特征的新科学教育物质资源库；致力于发展有利于学生学习科学教育评价项目，并提出了"做中学、读中悟、写中思"的实践路径（朱永新，2020）。

第二，关于新人文教育课程。人文的焦点是人与文，即关心人，培育人的理性与价值追求，提升人性的涵养；关心文化，传承与发展优秀传统文化。与人文的两个含义相对应，新教育实验的人文教育也包括两个方面的主要内容：传授人文知识、培养人文精神。

在我国基础教育阶段，较少使用"人文教育"这一说法。中学阶段区分文科与理科，"文科"（主要包括政治、历史、地理，有时也包括语文和英语）似乎与"人文教育"有些接近。2016年，教育部印发的《中国学生发展核心素养》中，提出人文底蕴、科学精神、学会学习、健康生活、责任担当、实践创新等六大素养，并将其作为我国新一轮课程改革的重要依据，"人文底蕴"在这份报告中第一次作为学生发展目标正式被提出来。该报告对人文素养的界定是："学生在学习、理解、运用人文领域知识和技能等方面所形成的基本能力、情感态度和价值取向。具体包括人文积淀、人文情怀和审美情趣等基本要点。"这里所说的人文素养就包括了人文知识与人文精神两个大的方面。

与生命教育、科学教育、德育、艺术教育课程一样，人文教育也是为了增进个人幸福、社会和谐、国家富强和人类福祉而开展的。阅读、对话、写作和社会实践，是新人文教育的主要途径和方法。人的自然生命依靠水、空气和食物来培育，人的精神生命需要阅读、交往和反思来滋养。人类不是因为能够征服世界、主宰世界才伟大，而是因为拥有文化、拥有精神才超越其他物种。

施特劳斯（Leo Strauss）在《什么是人文教育》一文中说，"人文教育就是仔细阅读伟大心灵留下的伟大著作"。在美国，人文教育课程已经成为大学学制设置的基本组成部分。人文教育的目标在于，通过阅读经典与写作训练，使学生形成独立思考、判断的能力，并能就公共事务进行理性论辩，这样一种以注重公共对话与理性思考为特点的教育模式可以极大地促进公民意识提升，现已成为美国公民教育的重要组成部分。阅读，尤其是经典阅读，是新人文教育的最基础的方法，新教育通过营造书香校园这一行动措施来落实新人文教育。

对话，是新人文教育的第二个重要方法。严格地来说，阅读也是一种对话，是我们与历史上的伟大人物之间的对话。发生在人文教育课堂上的同学们之间和师生之间的对话是另一种对话形式。在新人文教育中，两者缺一不可。对话不仅可以训练说话技能，而且有助于提升人的文明和价值规范。西方许多教育学者把对话看成是"人克服孤独存在和原子化状态的必要条件"。人若独自无援地生活在社会人群中，不能与他人进行关于人生意义和价值的交流，则是一种极其可悲的异化，而对话恰恰颠覆了这种异化，通过与前人或眼前人的交流丰富了精神境界，扩展了生命的意义和价值。

写作，是新人文教育第三大重要的方法。新教育一开始就非常重视写作，并把师生共写随笔和教师的专业写作（反思）作为新教育的重要行动。从新人文教育的角度来说，写作是学习以理性文明的、有教养的方式与他人交流，也就是民主生活方式和公民社会所必不可少的公共说理，这有利于促进人文教育培养民主生活下的有效成员这一主要目标的实现。

践行，是新人文教育的第四个重要的方法。我们以"纸上得来终觉浅，绝知此事要躬行"的自觉，开展社会实践、生活实践的各种行动。"积极的实际行动"是20世纪末至21世纪全球教育变革的主导方式。新教育实验不只是鼓励师生敢于拥有理想，更重要的是倡导立刻行动。因此，也可以将新教育实验看成是教育行动哲学的实践。

新教育实验的新人文教育是面向所有学生的人文教育。它具有如下特征：一是开展融语文、哲学、历史、地理等学科为一体的大人文教育课程。没有课程的实验，是无法深入扎根的，新人文教育从课程研发做起。现在人文教育的问题之一，就是知识体系是割裂的，不同教育阶段的学习是非连续连贯的。如，小学阶段对于历史和地理知识的缺乏；整个基础教育阶段对于哲学思维训练的缺乏；文理分科以后，对于理科学生的人文教育的忽视；等等。为解决这一问题，迫切需要重新构建人文教育课程体系与结构。新教育的一个基本的设想，就是按照人文教育的基本概念与原理（类似科学大概念的人文大概念）来组织文本，研发一个融语文、哲学、历史、地理等学科为一体的大人文教育课程，这个课程将从小学到大学一以贯之，面向所有学段的所有学生。新教育实验提出的人文学科大概念，既考虑了人文学科的基础性和共通性特点，又兼顾了哲学、语文、历史、地理的学科特点，还涉及了学科研究与教学的方式。二是晨诵、午读、暮省的教育生活方式。新教育实验以"过一种幸福完整的教育生活"为宗旨，提倡过一种浪漫与理性兼具的生活。"晨诵、午读、暮省"三者是把阅读、对话、写作和践行完美融合的新教育生活方式，是新人文教育的根本实施路径。在新教育生活中，晨诵是浪漫的开启，唤醒人们诗意栖居的敏锐感受。午读的核心是共读，通过阅读同一本书，读后进行交流，在碰撞沟通中形成共同的价值观。暮省的核心是写作，通常以"师生共写随笔"这一行动所提倡的方式方法，对一天进行反思与总结（朱永新，许新海，童喜喜，2017）。三是以合作探究为形式的人文主题学习。合作探究性学习，是一种通过小组合作的方式研究问题、解决问题的学习方法。这是一种学习方式的革命性改变，因为传统的学生学习，主要是接受性学习、竞争式的个体学习，是从学科的概念、规律开始的学习方式。而合作探究性学习则是学生们通过互相合作的方法自主选择学习课题，针对问题有效地开展探究活动，通过假设、推理、分析等途径去找出解决问题的方向，然后通过观察、实验来收集事实，对获得的资料进行归纳、比较、分析，形成对问题的解释，且在这一过程中可以发现新的问题，并对问题进行更深入的研究。与自然科学的项目式学习类似，新人文教育的合作探究学习一般用人文主题学习的方式来进行，通过主题阅读、对话讨论、写作反思、实践行动等方法来发现问题与解决问题。这样的学习是充满挑战性的，因为它需要兼具人性的温度和精神的高度，需要在思辨中探索多元答案。

（三）新德育课程

如果说新生命课程主要是为了使主体朝向身心健康与人生幸福，新智识课程主要是为了使主体获取真知和增长智慧，新艺术课程主要是为了使主体具有艺术情操和审美能力，那么新德育课程则旨在培养"外德于人、内德于己"即兼具公共品格与个体品格的合格公民。

"新德育"的基本理念是：在立德树人教育根本任务的

基础上，以培育具有中国精神与世界胸怀的社会合格公民为目标，从"私德、公德和大德"三个维度，以新教育道德人格图式为参照，以"十大行动"为路径，引领师生明德至善，过一种幸福完整的教育生活。"新教育实验"力图通过"新德育"课程，为师生的教育生活注入"善"的源泉，使"幸福"更有厚度，使"完整"更加充实。当前德育面临的主要问题是：强有力的教育政策支持与相对薄弱的德育实施之间的矛盾。出现这个问题的原因主要在于"人学空场""重智轻德""言行分离"三个突出问题没有得到有效解决。

所谓"人学空场"，就是"目中无人"。作为主体的人的角色被淡化甚至遮蔽了，德育内容是抽去了"人"之内涵的空洞规范，忽视"人"的身心发展规律，使"本来应当是充满了人性魅力的德育，变成毫无主体能动，没有道德意义，枯燥无味，令人厌烦的灌输与说教"（鲁洁，2000）。

所谓"重智轻德"，就是只重视智力教育，忽视甚至无视德育的价值。"说起来重要，做起来次要，忙起来可要可不要"，"分数一俊遮百丑，考试第一大于天"，是对"重智轻德"弊端非常形象的描述。受考试评价、社会评价的影响，许多学校把主要精力放在智育上，作为媒介的知识还远远没有走向智识，走向智慧。

所谓"知行分离"，就是道德认识与道德行为严重脱节，表现为精致的利己主义者和言行不一、口是心非的"两面人"。"知行分离"的一个重要原因在于德育知识化、学科化、专门化,德育被阉割为课本教学,道德品质以考试分数来评价。一方面,那些冰冷的、远离学生生活的道德教条和空洞道理难以触发学生的情感世界;另一方面,那些凭借努力学习而在考试中取得高分的学生,也会对德育产生极大的质疑和否定,因其并没有体验到道德生活的充实,会对"道德"本身产生负面评价,甚至走向道德虚无。具体来说,"新德育"课程具有以下几个主要特点:

一是以立德树人为根本任务。2012年,党的十八大首次提出把"立德树人"作为教育根本任务。2019年10月,中共中央、国务院印发《新时代公民道德建设实施纲要》,对加强社会主义公民道德建设、提高全社会道德水平,促进全面建成小康社会、全面建设社会主义现代化强国进行了全面部署。"新德育"将按照纲要的要求,把立德树人贯穿于学校教育全过程,坚持育人为本、德育为先,把学生品德建设工作纳入学校教育质量评价体系之中,致力于德智体美劳全面发展的育人目标的实现。

二是以培养"具有中国精神、世界胸怀的社会合格公民"为目标。所谓"中国精神",就是有着强烈的中国文化认同、全面的中国文化素养、深厚的爱国主义情感。所谓"世界胸怀",就是有广阔的国际视野和深刻的国际理解,有国际交流与对话的意识与能力。所谓"公民",就是政治正确、思想端正，在社会公德、职业道德、家庭美德和个人品德建设方面，能够担当民族复兴大任的社会主义公民。从法律层面讲，公民是具有一国国籍的人。从德育角度讲，公民是具有公民意识、公民知识、公民道德和公民能力等要素的社会成员。新德育既要培养身心健康的自然人，又要培养品行合格的社会人。对于国家的公民来说，公民意识意味着要热爱祖国，忠于祖国，要拥护宪法，尊重法律，要有主人翁精神和家国意识；公民知识则是指在公民意识的基础上，公民所应具备的公共知识，如法律知识、政治知识、历史知识和公民权利义务等社会知识；公民道德包括了公民的个体私德、公共道德和为国为民的大德；公民能力是指公民应当具备参与公共事务的能力，如理性交往能力、批判思维能力、合作沟通能力等。

三是"私德、公德、大德"三维度。党的十八大以来，习近平总书记在多个场合号召党员干部明大德、严公德、守私德。"私德、公德、大德"这三个维度是对传统德育思想的继承，也是对新时代德育的引领。两千多年前，儒学经典《大学》开篇第一句就提出了"大学之道，在明明德，在亲民，在止于至善"的教育之道。"明明德"，就是要通过营造良好的道德情境，最大程度地唤醒、激活、释放、彰显人性中积极的道德潜能，使之变得有意义，成为有益于自我和他人的现实。"亲民"则是指个体在完成"自明其明德"之后，进一步"推己及人"，由私德推及公德，完成革故自新，复归明德。"至善"则指在追求人格的自我完善与升华的同时，追求个人对社会、国家、人类乃至世界的神圣使命担当。"明德至善"是中国传统文化对于个体道德修养的核心价值追求，"新德育"希望回归中国优秀传统文化的源头，在文化传承中朝向"明德至善"的德育目标。"新德育"的过程，是从"明德"（私德）——个体道德的奠基，到"亲民"（公德）——公共道德的扩展，再到"至善"（大德）——崇高道德的追求；从"修身""齐家"的个体私人领域，到"治国""平天下"的至善境界，是一个目标清晰、路径清楚的道德修养提升过程。

四是以道德人格图式为参照。"新德育"主张根据学生的身心发展特点和道德认知规律进行有针对性的德育。2012年，在以"缔造完美教室"为主题的新教育年会上，我们提出了儿童道德品格发展"三境界六阶段"的道德人格图式，当时称之为"道德人格发展图谱"。其中第一阶段是"我不想受到惩罚"，第二阶段是"我想得到奖励"。这属于第一境界，自然功利境界。第三阶段是"我要做个好孩子"，第四阶段是"我要捍卫游戏规则"。这属于第二境界，是社会规则境界。第五阶段是"将心比心"，即儒家"己所不欲，勿施于人"的"恕"道精神，第六阶段是"惠泽天下",即儒家"己立立人,己达达人"的"仁爱"精神。这属于第三境界,是道德仁爱境界。在新教育教室中,这个道德人格图式并不是被高高挂在教室里,而是一个行动纲领,是许多新教育教师的德育"诊断仪"和"工具箱",可以根据学生的具体表现,判断其所属阶段,利用认知冲突,引导学生从自然功利境界、习俗规则境界向道德仁爱境界发展。

五是以"十大行动"为路径。新教育实验的"十大行动",每一个行动都有着德育的意蕴和功能,都是"新德育"实施的重要路径。以"营造书香校园"为例,阅读其实是最好的德育方法之一。人类最重要的道德准则,都蕴含在那些最伟大的著作中。那些伟大的经典作品,通过一个个具体的人物和事物及其命运,把道德原理和道德准则生动地体现出来。同样,当更多的人"共读、共写、共同生活"的时候,其实就是不断塑造民族优良性格、凝聚人民共识力量、巩固国家安定团结、走向人类命运共同体的过程。所以,永远不要低估阅读对于道德品格的形塑力量。

六是帮助师生过一种幸福完整的教育生活。新教育从本质上来说是一种幸福教育,而幸福本身必须是合乎道德的。正如中国古代哲学主张的"德福同一"。新教育也是一种完整教育,强调身心灵的和谐统一,强调自然生命、社会生命与精神生命的完整统一,强调让人成长为完完整整的自己。

因此,"新德育"的使命,就是追求和创造"幸福完整的德性教育生活"。

"新德育"的课程内容,既包括现有德育课程中的道德、心理、法律、国情等内容,也包括伦理学和社会学中的德育内容,如博爱精神、契约精神、理性精神等关乎道德的内容。"新德育"的课程形式分为显性课程与隐性课程,其中显性德育课程包括道德与法治课程、综合实践活动课程、德育主题的校本课程、社团课程或其他活动课程,隐性德育课程包括校园文化建设、班级文化建设以及学科课程中的德育渗透等以精神文化建设为特质的育人课程。

新德育的课程实施,不再将德育止步于道德说教和理论宣讲,而是将道德能力的培养作为德育课程的核心。德育课程的实施,既可以融合于学科课程,通过学科课程获得道德认知,建立道德意识,也可以通过项目式学习、综合实践活动课程、校本课程、乡土课程、社团课程及其他实践性主题课程,培养学生的道德思维能力、道德判断能力和道德行为能力。比如面向中小学生的领导力课程,学生可以通过发现问题、思考问题、解决问题的课程训练,建立对自我、对他人、对公共生活的道德认知和道德判断。又如财商课程,通过生活消费规划、压岁钱的使用等活动,建立对金钱的正确认识,并形成道德的经济价值观。此外,新教育实验学校中的特色班会课程、儿童戏剧课程、电影赏析课程、科学探究课程、暮省课程等，都是实施德育的载体。今后将在此基础上，开发和拓展具有地域特色、校本特色和班级特色的德育项目实践活动。如通过"模拟联合国""模拟政协""模拟法庭"等公共事务研讨活动，培养学生的社会责任意识与人类命运共同体意识；通过环境资源保护、公共设施改善、关爱弱势群体等志愿者服务活动，培养学生关心社会、参与社会的道德能力；通过班级选举、班级辩论、班级事务协商、班级同侪互助等班级交往活动和管理活动，培养学生的公共参与意识和合作协商能力。

（四）新艺术教育课程

艺术教育课程在未来学习中心的课程体系中具有十分重要的位置。我们认为，对个体而言，艺术教育是生命早期发展的主要动力，是全面提升个体素质与能力的重要路径；对家庭而言，艺术教育是日常生活的诗意化，是道德教育的愉悦化；对学校而言，艺术教育是碎裂学科的黏合剂，是倦怠时刻的兴奋剂；对社会而言，艺术教育能够弥合被不同标准切割的人群，提高全社会的内聚力和创新力；对民族而言，艺术教育是传续民族精神的瑰宝，是积淀民族文化的法宝；对人类而言，艺术教育能够帮助我们形成看待世界的第三只眼,交给我们开启世界的另外一把钥匙。艺术教育课程是让学生在学习艺术知识、欣赏优秀作品、习得艺术技能的基础上,掌握艺术思维,拥有艺术品位,具有艺术精神,传承人类文化,陶冶丰富的情感,培养完善的人格。在未来的新艺术教育的开展过程中,我们必须遵循以下几条原则:

一是人人参与,舒展个性。艺术是人的基本需要,也是生命的无限可能。人人生而有艺术的欲求。正如我国著名艺术教育家丰子恺所描述的:有生即有情,有情即有艺。故艺术非专科,乃人所本能;艺术无专家,人人皆生而知之也(丰子恺,2018)。对于孩子来说,人人都是艺术家,新艺术教育正是孩子通过艺术技能滋养后的舒展生命,是孩子通过艺术思维训练着的精神体操。"人人享受艺术,使得艺术生活成为最日常的生活方式、生命形态"与"给予有天赋的儿童以特别的教育"二者形成高度统一。当有天赋的孩子先"艺术"起来,总能够让整间教室所有孩子受益——因为他们往往是真正的示范者、小老师、辅导员。人人享受艺术,人人活出艺术感,才是新教育的追求。

二是立足生活,吻合节律。生活与生命是新艺术教育的两个重要主题词。新艺术教育追求实现艺术、生活与生命的深刻共鸣。立足生活,是指必须强调艺术的多样性和区域性。每个地方,每个区域,都有自己独特的艺术文化样式，这些独特的艺术样式是构成新艺术教育的重要组成部分。并且因为地方民间艺术扎根于当地，与孩子们的生活紧密相关，为孩子们喜闻乐见，所以要实现新艺术教育的生根、发芽、开花和结果，必然要借助并依靠地方的文化艺术形式。

三是学科渗透，走向综合。艺术教育的理念，必须渗透到新教育生活的所有时刻、所有地方、所有课程。新教育力图打通艺术学科与其他学科的壁垒，使艺术课程向其他学科渗透，让任何一门课程都可能成为艺术的课程。也就是说，艺术课程不仅是音乐和美术的课程，还是可以在任何学科开展的课程。在所有课程的起点处，通过艺术教育来实现"浪漫"，能够让孩子感知到这一课程的美好，从而激发起心中的兴趣，产生多彩而活跃的想法，陶醉于课程之中。到了所有课程的终点处，通过对该学科知识的精确训练使艺术教育实现"综合"，让孩子产生举一反三、触类旁通的领悟，成为新一轮"浪漫"的源头。我们特别注重艺术教育对所有学科产生的"浪漫"和"综合"效应，并在每一门学科的课程中积极主动加以运用。

新教育实验已经在艺术教育开展了一系列具有特色的综合艺术课程，如听读绘说课程、生命叙事课程、戏剧课程、电影课程等，既为打破艺术与其他学科的壁垒，也为非专业艺术教师从事艺术教育探索出了新的路径。

(五)特色教育课程

新生命教育课程、新智识教育课程、新德育课程和新艺术教育课程，基本上已涵盖了为生命而存在的课程内容。在实际教育过程中，作为基础的生命教育应该贯穿始终，而在幼儿时期、小学时期和中学时期，可以有相应的侧重点，按照人的身心发展的内在规律，进行真的教育（新智识教育课程）、善的教育（新德育课程）和美的教育（新艺术教育课程）。在以上四类课程的基础上，新教育根据教师的个体特长和兴趣，以及学生不同的个性、特长和兴趣而开设了特色教育课程。

特色教育课程充分尊重学生的特质。我们相信每个人都是一个世界，每个人的天性都蕴含着不同特质。从某种意义上说，特色是对不同生命的不同恩赐。新教育建议减少开展为达成课程目标而设计的特色课程，鼓励以管中窥豹之法做超越课程规定的特色课程；减少开设高价聘请高手传授特长的兴趣特长班，鼓励针对学生个性特长，创造发挥教师个体兴趣或生命特质的特色课程。

从本质上讲，特色课程也是为了促进生命的丰富和充盈、潜能的发现和发挥、才华的施展和张扬。除了开展艺术、体育课外，应挑选适合学生个性的学习内容，如宇宙科学中的宇航、火箭，生命科学中的基因、遗传，物质科学中的能源、结构等不同的知识体系，从开放的社会资源出发，满足不同学生的个性化需要，让学生们在学习的过程中创造自己。

十、家校合作共育

家校合作共育，是指通过建立和发展家庭、学校、政府和社区多方教育主体之间的新型合作伙伴关系，完善家校政社共育机制，拓展和改善学校教育教学资源和条件，并影响家庭、家教和家风，促进现代学校制度建设，强化社区和谐共生、家校政社共育机制，实现家庭、学校、政府和社区的协调发展，促进父母、孩子与教师等相关人员的共同成长。

新教育实验之所以提出"家校合作共育"，是因为家庭、学校、社区、政府围绕教育问题进行精神交流，就形成了一个强大的教育磁场，有利于家庭增强教育功能，促进新型家庭、家教和家风建设；有利于建立现代学校制度，拓展教育教学资源，提升教育教学质量；有利于师生、亲子和相关参与者共同成长；有利于人民生活幸福完整、社会和谐稳定。家校合作共育形成的磁力影响着磁场中的一切，"磁场效应"会让所有参与者产生精神共振，就当下而言，会有着潜移默化的"不教之教"的良好效果；就长期来说，有着辐射社会并提升全民教育素养的重要功效。

　　家校合作共育的一个基本理念，就是父母、老师与孩子一起成长。成长不仅是孩子自己的事情，更是父母和教师共同的责任，陪同孩子成长，是父母和老师必须共担的职责。因此，家庭教育、学校教育和社区教育，都不是简单地针对孩子，而是在与孩子的碰撞交流中，同时实现父母、教师和社区人员的自我教育。这种平等互动的关系，让教育中的多方互相促进，共同成长，不断自我超越。对于父母来说，家校合作共育给他们提供了一个重要的学习机会和成长平台。一方面，参与家校合作共育的过程也是父母树立权利意识和责任意识的过程。通过沟通、协商、相互妥协来解决孩子的教育问题，本身就可以推动父母民主法制意识的启蒙与觉醒，有助于父母积极地投入社会政治生活，从而促进社会的进步。另一方面，来自各行各业的父母们在分享教育子女的意义和经验的同时，也可交流其他诸如职业和生活方面的信息，在广交朋友的过程中学习别人的长处，为自己今后的生活开辟更广阔的道路。对于教师来说，家校合作共育使老师们更加全面、客观地认识学生，加强与社会各界的交往能力，不仅有助于推动教育向更好的方向发展，而且也能为本职工作增效减负。

　　此外，家校合作共育也是社区各类相关人员学习与成长的过程。家校合作会涉及政府机关、专业社会组织、社区服务机构（如图书馆、科技馆、博物馆、少年宫、电影院、医院、商场等）等的支持与协调，相关人员在工作中由学校进行相应的培训，这也是一种相互学习、相互受益的过程。在教育孩子的过程中与孩子共同成长，是家校合作共育的特点，也是最理想的境界。

新教育在推进"家校共育"过程中，逐渐摸索出几条有助于活动有序开展的准则：应该遵循目标一致、地位平等、权力均衡、求同存异、机构开放、方法多样、多方共赢和跨界协调等基本原则；需要加强制度建设，积极搭建和充分发挥家校合作委员会、新父母学校、新父母俱乐部、新教育萤火虫工作站和家校合作共育资源室等平台和载体的作用；需要以共同的理想和愿景切实推动亲子师生共读共写共赏；需要畅通家校交流联系渠道，以家校读物、家校互访等方式密切沟通；需要共同分享多方家校合作资源，建设资源室、组建社团、兴建实践基地等；需要发挥榜样示范引领的积极作用，开展表彰、叙事、学习等多种活动（朱永新，2020）。新教育希望可以通过自己的探索之路，为更大范围地开展家校合作项目、提升教育质量提供借鉴。许多新教育实验学校积极推进家校合作共育工程，并取得了可观的成效。从家校合作共育的范例中不难看出，父母和社区参与学校管理事务给更好地进行教学带来了巨大力量：父母从学校的阻力变成动力，从与学校对立变成友好，社区与学校从互不相干到共同携手孩子成长，由此改变了学校的生态，提高了父母和社区对学校与教育的满意度，形成了一种强大的教育正能量。

新教育实验的十大行动虽然不是一个体系完整、逻辑严密的教育行动结构，但它是完全在中国教育大地上生长出来、针对中国教育的突出问题创造出来的。正因为如此，它在教育实践中受到广泛欢迎，取得了明显成效。

第五章
新教育实验的主要贡献、问题反思与未来发展

经过20年的发展,新教育实验从2002年的1所学校,到2020年的5600余所学校、160个实验区、620多万实验教师和学生,已遍布中国除香港、澳门、台湾外的所有行政区域。事实证明,新教育实验是一个比较受师生和学校欢迎,可推广、可复制性比较强,具有生命力的教育实验。

新教育实验已经渐渐变成了一个合作性的教育行动,受到了国内外的广泛关注。2014年,新教育实验入围世界教育创新峰会(WISE)教育项目奖15强。2015年,获得第四届全国教育改革创新特别奖。2017年,获得江苏省基础教育优秀教学成果奖特等奖。2018年,获得国家基础教育优秀教学成果奖一等奖,新教育研究院获得网易教育金翼奖年度教育创新团队。2019年,新教育实验获得第五届中国教育创新成果公益博览会最高奖"SERVE"奖、2019搜狐年度影响力

教育品牌。新教育实验筚路蓝缕 20 年，本着"为中国教育探路"的初心，做了许多理论和实践的探索，取得了一些成绩，积累了一些经验和教训，同时也面临许多困惑、矛盾和挑战，展望未来，新教育任重道远。

一、新教育实验的主要贡献

20 年来，新教育实验在理论研究和实践路径方面进行了系列探索，在基础教育的各方面取得了若干突破，初步实现了"五大改变"和"两大愿景"。具体表现在以下四个方面：

（一）通过教师"三专"培养模式，使大批普通教师得以成长提升

教师是立教之本，兴教之源（习近平，2013）。中国教育的问题错综复杂，解决教育问题的关键在于发展教师。教育的品质在很大程度上取决于教师的专业水平与投入的热情和精力。在一定程度上，教师的问题解决了，教育的根本就解决了。这正是新教育实验把教师成长作为逻辑起点的重要原因。

针对一线教师缺乏成长内驱力、专业素养不足、教育理

论与教育实践脱节等现实问题，新教育实验通过引导教师开展生命叙事，激发教师产生职业认同的内在动力，通过专业阅读、专业写作与专业交往，为教师赋能，取得了良好的效果。

在教育内容上，新教育实验完成了教师专业阅读地图——中国第一个系统完整的教师阅读书目，为教师和学生提供了教科书外的优质教育资源，极大地扩展了师生的学习与生活空间。在教育方法上，新教育实验形成了教师通过生命叙事进行教育反思的模式，并提供了成长的平台和示范的榜样，在一定程度上解决了教师成长内驱力不足和专业素养不足等问题，在教育理论和一线教师实践之间架设了一座桥梁。在组织形式上，新教育实验通过建立网络师范学院、教师成长学院和种子教师计划等项目大规模地培养优秀教师，建立了中国教师自我成长的"自组织"。据统计，新教育实验网络师范学院当前在学人数有4339人，成立11年来累计培训约2万名教师，被誉为教师成长的"新教育范式"。新教育教师成长学院自2013年至今线下培训112950人次，2020年线上培训725000人次。新教育提出的教师成长理论模型和操作方法，为中国和全球教师成长探索出了一条操作路径。

中国的教师绝大多数是接受过传统师范教育体系训练的，教育学、心理学、教材教法"老三门"课程，维系了一个教师一生的教学活动。许多教师缺少富有实效的继续教育机会，缺少完整的生涯成长规划，学习动力不足。新教育实验的职业认同与专业发展理论，不仅提供了教师成长的动力学理论，也提供了教师成长的方法论。不仅提供了教师学习的资源（专业阅读书目、学科阅读书目、教师成长榜样叙事），也提供了专业成长平台（网络师范学院等）。这为教育研究者与教育实践者之间架起了一座桥梁。在专业阅读、专业写作与专业交往的教师专业成长理念之下，我们通过实地实验，见证了一批批普通教师成长为优秀教师的历程。

20年来，5600所学校的近50万教师成为新教育实验的直接受益者，涌现出大批在中国基础教育界颇有影响的专家和一线教师。比如，从2004年到2020年，《中国教育报》"推动读书十大年度人物"评选中，每年都有新教育人，先后共有32位教师入选。作为第一批挂牌的新教育实验学校之一的江苏省常州市武进区湖塘桥中心小学，20年来培养了50多位校长、副校长，为所在区域贡献了近三分之一的校长。浙江杭州银河中心小学书记朱雪晴老师、江苏常州市名校长培养基地领衔人庄惠芬等一大批新教育教师，都已成长为优秀的教师领导者，不仅成长了自己，还带动了更多教师快速成长，新教育实验也因此被誉为培养中国好教师的"黄埔军校"。第三方实证研究表明，参与新教育实验对教师成长有显著的积极影响（叶仁敏，2017）。《未来教育家》杂志总编辑刘堂江在研究过许多新教育教师的成长个案后，做了"新教育，让教师的光芒灿若明星"这一专辑，他在总编寄语中写道："对于新教育教师成长的实效与神奇，你不能不心悦诚服。一位普普通通、平平凡凡的老师加入了新教育，他（她）就会变得信心满满，激情满满；智慧多多，幸福多多；乐此不疲，乐而忘返……"（刘堂江，2015）

（二）通过书香校园建设，使大批乡村学校、普通孩子获得优质发展

如何最有效地提升教育品质，推进教育公平？如何最有效地提升学业成绩，提高学校办学质量？新教育实验把书香校园建设作为突破口，取得了很好的效果。通过营造书香校园，进而建设书香社会，是新教育实验最初的行动探索。"书香校园"理念的提出及其所带来的教育成效与社会效应，为我们开展后续的教育实验奠定了重要基础。

2003年两会期间，《中国教育报》就新教育实验首倡"书香校园"概念的三个关键问题对笔者进行了专访。我提出了书香校园的主要标志：图书馆应随时随地向孩子敞开、让爱书懂书的人荐书管书、书香校园是学校图书馆发展的终极目标，对理想中的中小学图书馆进行了描绘和展望

（王珺，2003）。

网络时代的"碎片化阅读"问题日渐突出。新教育实验在中国首次研制了面向不同群体与不同学科的阅读书目推荐体系，并将其引入学校和社区，创造性地提出了晨诵午读暮省、新教育生命叙事剧、听读绘说等新型阅读方法。此外，新教育团队还主持研发了中国第一套面向盲人的有声阅读材料和听读工具，为推进弱势人群的阅读做了大量工作（尹琨，2018）。

图10　朱永新在新教育实验学校与学生交流

新教育实验的阅读改革，找到了既可以提高学生学业成绩，又能提升其综合素养的路径，使一大批普通的孩子得到了健康成长，成为优秀学生；使一大批乡村学校迅速成长，成为远近闻名的书香校园，成为有口碑有品质的优秀学校。厦门市同安区最早的一所新教育实验学校梧侣学校，是一所以打工子弟为主体的学校，经过近十年的努力，已经成为当地的好学校。美国休斯敦教育局叶仁敏博士主持研究并主编的著作《行动的力量——新教育实验实证研究》一书中，以大量的数据表明：新教育实验学校在学生的阅读兴趣、阅读能力、阅读习惯以及学校的归属感等方面明显优于非新教育学校（叶仁敏，2017）。2020年5月4日，笔者由于推进书香校园建设，与荷兰作家玛丽特·托恩奎斯特共同获得了首届"IBBY-iRead爱阅人物奖"。评委会主席阿哈默德·赖泽·卡鲁丁在颁奖词中说"他致力于从多个方面推动儿童阅读，从儿童到家长再到教师、从乡村到城市再到整个国家政策，确实每个方面都取得了丰硕的成果"（陈香，2020）。

（三）通过家校社政共育，形成多元协同教育效应，使许多实验区教育生态得以改变

新教育实验对于提升区域的教育品质，改变区域教育生态，起到了重要的作用。新教育实验非常注重学校与家庭、社区、政府的合作，主要通过新父母学校、萤火虫亲子共读等项目，帮助教师与父母形成教育共同体。新教育实验较早

提出了家校合作共育的理念，不仅在许多学校开设了新父母学校，还在中国100多个城乡创办了有15万多名教师与父母参与的"萤火虫工作站"，帮助家庭开展亲子共读、亲子游戏等，直接动员和组织了1000万人次的父母与儿童参加阅读活动。新教育实验还通过App、微博、微信公众号等媒体手段向公众普及家庭教育理念。笔者每天早上在微博、今日头条等发布"童书过眼录""新父母晨诵""新教育晨诵"等，至今已推荐的儿童图书达2000余种，总阅读量超过4亿人次。新教育实验对于父母和孩子的影响也是巨大的。作为山西省绛县第一批新父母学校创办人的赵晶在讲述新教育实验改变了绛县许多家庭的故事时写道："新教育让父母与孩子一起成长，绛县许多父母的家庭观和育儿观都发生了深刻的变化。"

新教育实验不仅注重家校合作，也一直注重探索与社区和政府的合作。新教育实验的管理，采取官方与民间、学术与一线融合的模式，采取实验区自愿加盟、统一管理的方法。针对中国行政体系严密、政府推动力度大等特点，新教育实验注重与教育行政部门的密切合作，借助当地教育行政部门"自上而下"的力量，充分发挥新教育实验"自下而上"的草根优势。在双方彼此借力的密切合作中，不仅缓解了新教育专职人员不足的压力，也为基层教育实践提供了长期跟进的理论指导，化不利为有利。自上而下和自下而上、政府官方和民间草根、学术团队和一线教师结合的实验推进方式，可以极大提高教育效用，这也为教育探索提供了新的思路。

通过家校社政共育，新教育实验不仅有效提升了家庭和学校的教育品质，也有效提升了区域的教育品质，改变了区域教育生态。大量实验的案例证明，新教育有效提升了许多区域的教育品质。例如在湖北随州欠发达地区的随县新教育实验区，经过五年的实验，总体教育质量有了显著提高。全市总共73所初中学校，随县有25所，在全市综合考评中，随县的23所初中进入前30名，14所进入前20名，7所进入前10名。国家级贫困县安徽霍邱新教育实验区，乡村学校的平均规模，从实验前的500人，发展到目前的1500人左右，办学品质的提升，吸引了外流学生的回归。

（四）通过加强理论研究，形成了一系列较高水平的研究成果

理论研究是新教育实验发展的最重要的支撑。新教育实验一直把理论建设作为基础工程。新教育实验可持续发展的一个重要原因，在于理论上的不断创新和实践上的不断引领。新教育实验每年召开一次年度研讨会，集中探讨和解决一个教育难题，如最近五年的新教育年会分别围绕习惯养成、家校合作、科学教育、人文教育、德育进行，每年的年

度主报告都由笔者领衔，组织全国专家团队攻关；每年召开一次新教育国际高峰论坛，邀请世界各国学者交流、分享教育改革的经验，为新教育的主题研究贡献智慧；每年召开一次实验区工作会议，交流教育行政部门推进新教育实验的经验与做法，研究实验中需要解决的理论问题；每年召开一次"领读者大会"，与全国的优秀阅读推广人和机构交流分享经验，研究阅读与教育的深层问题，推进中国的全民阅读。

据不完全统计，20年来新教育人累计出版著作420多部，其中主要包括三个方面：一是围绕新教育理论体系建设的理论专著，如《我的教育理想》《我的阅读观》《新教育实验：为中国教育探路》《新教育实验：中国民间教育改革的样本》《新教育年度主报告》《从哪里来，到哪里去——"新教育实验"本体论》《新教育讲演录》《中国新教育》《新科学教育论纲——新教育实验科学教育的理论与实践》《新家庭教育论纲——新教育实验家庭教育的理论与实践》《致教师》《未来学校：重新定义教育》等相关著作。二是围绕新教育实验的实验教材与操作手册，如《新教育晨诵》（26册）、《新生命教育》（22册）、《新父母读本——这样爱你刚刚好，我的N岁孩子》（20本）、《新孩子》（24本）以及《与理想同行——"新教育实验"操作手册》《与崇高对话——"新教育实验"与书香校园建设》《相信种子，相信岁月——新教育实验管理操作手册》《一间可以长大的教室——新教育实验"缔造完美教室"操作手册》《养成一生有用的好习惯——新教育实验"每月一事"操作手册》《好课程是这样炼成的——新教育实验"研发卓越课程"操作手册》《让生命歌唱——新教育晨诵操作手册》《整本书共读:为童年播下美妙的种子》等。三是关于新教育实验教师的叙事与媒体报道,如《未来因你而来——我和新教育人的故事》(朱永新)、《朱永新与新教育实验》(朱永新)、《守望新教育》(许新海)、《让梦想开花——我和"新教育实验"》(李镇西)、《教育的幸福——我与新教育20年》(李镇西)、《守望教育的田野——新教育的理想与行动》(余国志)、《极目新教育》(傅东缨)等。

值得一提的是,近年来在新教育实证研究方面,也出版了一批重要的研究成果。通过对新教育实验学校及其师生进行实证研究,形成以下四个方面的研究结论:第一,在教师方面,研究结果显示,新教育实验可以显著改善教师的综合效能感,教师参与新教育实验的态度越积极,教师的综合效能感越强(肖善香,2019)。第二,在学校方面,研究结果显示,在"过一种幸福完整的教育生活"的教育理想指导下,新教育实验学校学生遭受校园欺凌的频率显著降低,学生的学校归属感显著提高。新教育实验创设的理想校园显著地提高了学生的学习表现。此外,新教育实验学校开展"家校合作共育"更为彻底,这一关系显著提高了学生的学习表现(李东琴,2016;夏之晨,朱永新,许庆豫,2017;卢玮,俞冰,杨帆,许庆豫,2018)。第三,在学生方面,通过与非新教育实验学生对比,发现新教育实验学校学生的阅读表现和数学表现显著优于非新教育实验学校学生,并且,加入新教育实验的时间越长,学生学习表现越好。在不同学科素养中,新教育实验学校学生的阅读素养尤其高于非新教育实验学校的学生,这一特点在学生阅读态度、阅读行为方面都有体现。在新教育实验学校中,改善学生阅读自信比改善学生阅读兴趣和阅读动机更为重要(杨帆,俞冰,朱永新,许庆豫,2017)。第四,在家庭方面,参与新教育实验的家庭更加重视营造有助于学生成长的学习氛围,其家庭书屋的建设情况显著优于非新教育实验家庭,家庭藏书量也显著高于非新教育实验家庭。通过家庭书屋的建设,新教育实验学校学生在阅读上付出的时间更多,这是新教育实验学校学生具有更高水平阅读素养的重要原因(杨帆,2021)。

新教育实验的理论研究有鲜明的个性风格。新教育实验不是西方新教育思想在中国的实验,也不是西方教育理论在中国的实践,而是融合中西古今先进的教育理念与方法,结合中国教育的实际所进行的创新与创造。国家督学、原江苏省教科所所长成尚荣在《新教育:中国素质教育的一面旗帜》一文中，对新教育实验在素质教育的实践探索和理论建构方面的创新研究做了充分的肯定。他提出，新教育实验体现着中国美学精神，新教育的理论话语是中国美学方式下的自然体现。关于新教育在素质教育方面的实践探索，他认为，新教育的一系列关键因子和行动，让教育的理想主义扎扎实实地落在大地上，促使素质教育在整体推进中有突破，在突破中整体向前，行程中一直闪耀着素质教育之光。关于新教育在理论方面的建构与创新，他明确指出，新教育有自己的理论自信、理论解释、理论框架、鲜明的理论品格和理论话语系统。新教育始终把实验的主题指向人，指向生命，指向本原、本质，这本身就是一种理论（成尚荣，2018）。武汉大学原校长刘道玉在为傅东缨历时近十年写就的报告文学《极目新教育》的序言中指出，新教育实验"是目前中国规模最大、参与人数最多、效果最为显著的一次民间教育科研实验。在新教育实验的富有成效的成就之中，极大程度上解决了教育职业倦怠、理论实践脱节、应试教育与素质教育矛盾等问题，形成了完美教室、卓越课程、理想课堂等一系列扎扎实实的成果"（傅东缨，2019）。

20年来，新教育实验以"大教育"对抗"应试教育"，柔性地化解了"应试教育"的部分难题，实现了"五大改变"，得到了媒体的广泛关注。全国各类媒体先后发表报道千余篇，仅中央电视台、中国教育电视台及《人民日报》《中国教育报》《中国教师报》等主流媒体的报道就有近300次，地方性报刊的报道1000余次[11]。截至2021年1月，在百度搜索"新教育"三个字，可以找到相关结果约5150万个，搜索"新教育实验"五个字，则可以找到相关结果约1130万个。

20年来，新教育实验的国际影响力也在不断扩大。2004年到2005年，日本学习院大学对新教育实验学校昆山玉峰实验学校进行了深度调查后撰写并出版的《沸腾的中国教育改革》一书，对新教育实验这样评价："新教育的理念，是通过倡导阅读，开拓学生的思想和视野，从而改变中国教育。在新教育实验团队和他们的数百所加盟学校的共同努力下，这项实验运动正在成为中国教育改革的引领者之一"。2009年，韩国政府"21世纪智慧韩国工程"（Brain Korea 21）项目组邀请笔者赴全北大学做"过一种幸福完整的教育生活"的主题讲演，随后10卷本的《朱永新教育文集》被译成韩文在韩国发行。2010年，笔者应邀在哈佛大学燕京图书馆第六届剑桥沙龙公开讲坛和马萨诸塞州大学波士顿校区教育学院举行讲演，介绍中国新教育实验。同年，新教育理事会理事长许新海博士应邀赴新加坡德明中学作《中国新教育》讲演。2012年，麦克劳希尔教育集团引进新教育著作《朱永新教育作品》16卷英文版版权。2016年，笔者应邀在麻省理工学院国际教育论坛、哈佛大学中国教育论坛介绍新教育实验。2017年,在蒙古国教育部部长的提议下,蒙古国派遣了一个30人的校长与教师代表团,到中国江苏海门新教育实验区考察,并在新教育教师成长学院接受为期10天的新教育通识培训。2018年,日本NHK专题片介绍中国教育和新教育实验。

20年来,新教育团队的同仁多次应邀走出国门,在美国、日本、韩国、俄罗斯、澳大利亚、卡特尔、泰国等亚欧美各地分享新教育实验的理论与实践探索。据不完全统计,截至2020年,《中国新教育》《新教育实验:为中国教育探路》《朱永新教育小语》等20多种著作分别被译为英、法、德、日、韩、俄、蒙、西班牙、希腊、阿拉伯、哈萨克、吉尔吉斯斯坦、乌克兰、阿尔巴尼亚、乌兹别克斯坦、越南、尼泊尔、马来西亚、柬埔寨等28种文字,40个版本。从2009年开始,美国波士顿马萨诸塞州大学教育领导学系严文藩主任每年都会带领百名中小学校长、教师和博士生候选人参加新教育年会和国际论坛,参与新教育行动研究,进行中外对比以改进实验。严文藩教授指出:"新教育完全是自发的,自下而上的民间的活动,它是具有中国特色的儿童发展关键期的素质教育的行动研究。新教育这个内容里面有理想、有激情、有诗意、有行动。五个改变,五个理念,七个学理,十个行动,都具有中国特色。"日本教育家佐藤学先生在参加新教育国际研讨会时评论说:"解决我们在 21 世纪所面临教育问题的可能性,孕育在新教育实验所进行的教育革新之中。"国际儿童读物联盟(IBBY)主席张明舟在评价新教育实验的阅读工作时评价说"新教育实验为世界各国,特别是广大发展中国家和地区跨越贫富差距,解决教育不公难题,实现跨越式发展和共同发展提供了一个可以复制的优良模式。"

二、新教育实验的问题反思

20 年来,新教育实验的发展并不是一帆风顺的,在取得成绩的同时也存在不少问题、困难、矛盾和挑战。从新教育实验诞生开始,来自内部的矛盾和外部的批评也时刻警示着我们在实验推广过程中必须思虑周全、如履薄冰。作为一个民间的教育实验,在组织建设过程中,既面临着经费不足、人才不足等困难,也面临着动力不足、能力不足等问题;既面临着公益性与市场化的冲突,又面临着专业性与实践性的矛盾。对于建设中的冲突,新教育实验尝试通过设立基金会、成立研究院等使其得以缓解;对于推广中容易出现的问题,新教育坚持客观谨慎对待,进行"冷思考"。

（一）关于大规模教育实验与质量控制的问题

新教育实验是一项较大规模的民间教育改革实验。新教育实验的"规模"与"实验"本身的性质是有着非常密切的关系的。如前所述，新教育实验是一项田野实验，面向的是成长中的学校和师生。它虽然名为"实验"，但并不是严格意义上的科学实验，没有对自变量进行严格控制。但是，教育实验与科学实验的区别在于，不是为了数据，为了论文，而是为了质量。新教育实验所进行的项目、行动，绝大多数是经过别人的实验和实践反复证明是正确的。基于此，让"营造书香校园"等教育行动惠及更多的学校和师生，自然是多多益善。新教育实验一开始就提出了"为了一切的人"（for all）的理想，自然是实验规模越大，受益面越大。所以，20年来我们一直没有刻意控制发展规模，对于那些真正想要改变学生状态、改变学校生态、改变教师行走方式的学校和地区来说，我们敞开大门欢迎。

但是，"规模过大"一度是新教育经常受到"诟病"的问题。华中师范大学教授郭元祥在2006年发表了一篇题为《再看朱永新所谓新"教育实验"：大规模教育实验研究的局限性》的文章，对"好大喜功、贪多求全、追求轰动效应和大场面"等国内基础教育实验研究的"顽疾"提出了呼应性的尖锐批评，同时从研究方法论的角度检讨了"大规模教育实验研究中的弊病"。郭元祥通过对杜威的芝加哥大学实验学校、苏联教育家苏霍姆林斯基的巴甫雷什中学、陶行知的晓庄学校、拉尔夫·泰勒的"八年研究"等实验的考察，得出结论：在这短短的一百年中，真正能够影响基础教育走向的教育实验研究，并能够以此为基础形成称得上"学派"的理论，其实并不是大规模的实验，相反是以一校为基地的小规模、长周期的教育实验研究。他认为，只有"以一所学校为实验研究基地的教育实验"，才能"保证教育实验过程中的变量控制、实验处理的有效性；有利于研究者对教育实验研究过程的沉思、深入细致的因素分析和严密的理论论证"。所以，"真正有影响力的教育实验，从来都不是大规模实验研究，也没有什么大规模教育实验能够产生什么宏大理论和学派"。

应该说，就探索性的教育科学实验本身的规律性而言，郭元祥的意见有一定道理。但是，从新教育实验20年的发展历程来看，我们至少做到了使一大批普通学校通过新教育实验发展成了优质学校，使一大批普通学校的教师成长为优秀教师，这些教育资源的改变，自然会对学生的成长产生积极影响。至于大规模实验是否能够产生"宏大理论和学派"，这是一个需要留待历史检验的问题。这个问题，不是新教育首先要解决的问题，我们更关心的是实验本身能否造福更多师生。在没有足够的实验周期之前，谁也无法下定论，无论是学术权威或是新教育人自身。

所以，新教育实验一直保持"坐而论道不如起而行之"的行动理念，奉行"做比不做要好""认真做比马马虎虎做要好"的朴素想法，继续为有意愿寻求更好教育的学校和师生服务。当然，关于实验规模过大是否会影响实验品质，确实是一个非常重要的现实问题。近年来，随着新教育实验规模不断扩大，我们采取了"不主动出击也不轻易拒绝新的实验者"的工作方式，对实验规模进行了适度控制。尽管如此，还是不断有新的实验区、校加盟。但是，的确也出现了由于实验区、校过多，管理跨度太大，管理成本太高等问题，导致实验区和实验学校良莠不齐、发展很不平衡的现象。如何处理好实验规模与管理质量的关系，仍然是新教育实验迫切需要解决的问题。

（二）关于新教育实验系统推进与重点突破的问题

与实验规模的问题相似，新教育实验的内容项目较多，从"营造书香校园"等十大行动，到新科学、新人文、新德育、新艺术等课程，再到新教育学校文化，几乎涉及整个学校教育体系的所有内容。新教育内部和学术界对新教育实验的内容也有不同的观点，新教育实验另一个经常受到"诟病"的问题就是内容"过于庞杂"。

的确,传统的教育实验,往往是小切口、小专题,实验的自变量、因变量关系清晰,验证性较好。但是,作为一个实践性强、受益面广的教育实验,笔者也清晰地认识到,教育是一个复杂的系统工程,各个行动、课程之间是相辅相成、彼此影响的。新教育实验要取得"最大公约数",就要尽可能提供更丰富的内容选择。郭元祥在批评大规模的教育实验时,也对实验内容的"宏大"提出了异议。他认为,我国大规模教育实验的致命伤就是:研究目标过于宏观、研究方式的"宏大叙事取向"和"宏大哲学语境";首席专家缺乏对教育活动结构的细节关照、研究过程不深入、研究周期短;研究结果的理论建构有余而实践取向不足、综合有余而创新不足(郭元祥,2006)。

郭元祥的这一观点同样是理性并值得深思的。问题在于,既然新教育实验不是严格控制实验变量的"科学实验",而是整合既有教育科学研究成果,在实验中丰富完善的教育改革探索,就没有必要按部就班地因循传统教育实验的做法,用数据来证明本来就知道的常识。如关于"营造书香校园",强调阅读的意义和价值,推进"晨诵午读暮省"的儿童生活方式,推进整本书共读、亲子共读等。再如,关于教师成长的"三专"理论,其实是在整合了国外教师成长的反思理论、生态理论等基础上提出来的，也是不需要"验证"的成熟做法。新教育实验采取批判继承的方法，对人类优秀的教育文化遗产做了甄选，形成了相对完整的教育体系和学校教育解决方案，为学校发展和师生成长提供操作性的建议。新教育实验发起的目的不是为了标新立异，而是为了追求更好的教育；不是为了"宏大叙事"，而是为了踏踏实实地追寻更好的教育。这也是新教育实验能够吸引众多学校"大规模"参与的原因所在。

新教育团队对新教育项目与课程的拓展展开过充分讨论。曾有核心团队成员提出，"伤其十指，不如断其一指"。如果新教育实验用"狮子搏兔"的精神全力以赴，专注于校园阅读，或者专注于教师成长，精耕细作地按照严格的科学实验，把对照组和实验组的数据进行处理分析，写出数十篇高水平的论文和著作，是不是更能够站住脚？这种做法当然简单得多，也"有名有利"得多。但是如果新教育实验止步于此，又能对教育的进步做出什么有意义的贡献呢？教育领域从来都不缺理论家，每年产生的教育研究论著可以用汗牛充栋来形容。相比之下，扎根于教育田野的行动研究，即使是在新教育实验发展了20年的当今，也是为数不多的。

当然，对新教育实验"过于庞杂"的善意和冷静的批评是值得我们重视的。在新教育专业团队人手紧张、疲于奔命、顾此失彼的情况下，尤其是实验区、实验学校需要更多帮助和指导的情况下，我们确实很难专注所有项目和课程的深化，甚至很难考虑新教育实验的可持续发展。所以，在系统推进实验的过程之中，我们如何关注和把握重点行动与项目，避免"狗熊掰棒子"拿一个丢一个的情况，是应该引起我们的高度重视的。

但是，在新教育实验的造血机制逐步形成、人力资源逐步充沛、研究机构逐步健全、专业团队逐步壮大的情况下，我们还是应该回过头来"安营扎寨"，对新教育实验的课程、行动进行深化细化，完善理论体系，落实操作方法，为实现新教育的愿景而努力。

（三）关于新教育实验话语体系与学派建设的问题

与规模、内容相关的另外一个问题，就是新教育实验的话语体系与学派建设问题。我们提出要建立新教育实验的话语体系，成为扎根中国大地的新教育学派，这是我们的愿景，是我们的梦想，是我们努力的方向。对此，新教育内外也有过不同的声音。

2006年初，新教育姜堰实验区的时任负责人就写过一篇题为《质疑"打造教育学派"的目标——新教育实验走向之我见》的文章，他认为，"学派"云云其实是反映了中国传统文化之中的某种负面因素,包括门派纷争、个人崇拜、急功近利等。我在教育在线网站上回答了他的问题。我提出,以新教育实验目前已经具备的条件,如果能够更加及时地关注和研究现实,包括新教育共同体自身和新教育实验赖以生存的社会现实,自然有条件成为中国素质教育的一面旗帜。自己能否成为中国有影响的新教育学派,应该是以能否得到社会的广泛认可以及相关领域专家的肯定为标志,似乎不必刻意追求和打造(朱永新,2012)。同年5月,"学术批评网"刊发了华南师范大学黄甫全的一封公开信《必须警惕当代教育研究中的"浮夸"风气》,对笔者在某次采访中提出的要建立新教育学派,"打造在国内外有影响的新教育实验"等提出了尖锐批评。其中指出:当今教育界涌动着的浮躁之风,在新教育这里"达到了登峰造极的地步"。希望笔者能够停止"浮夸","带头冷静""带头停止自我膨胀"。

  黄甫全的公开信让新教育人更加审慎地思考新教育实验的推广过程是否符合教育变革规律,是否真的出现了"浮夸"。尽管黄先生的这篇关于新教育的报道是基于一篇内部讲话稿,而且未经笔者审阅,对于新教育的认识上带有一定的"夸张"色彩,但该批评是有一定道理的,促使新教育进行更加深刻的自我反思。

  虽然建立学派本身是一件水到渠成的事情,也许不是那么重要，但是形成新教育的话语理论体系，是至关重要的。作为一个教育变革的系统解决方案，如果没有高水平的理论研究支撑，如果无法知道一线教师的成长和学校的发展途径，实验就会寸步难行。要构建、形成新教育的话语与理论体系，就迫切需要志同道合的人士积极参与其中，在这过程中"学派"的形成便是自然而然的。关于能否建立"新教育学派"，我们认为只要目标明确，坚持不懈，应该说是可以预见的结果。

（四）关于如何提高新教育实验年会水平与成效的问题

一年一度的新教育实验年会，是新教育人的庆典和重要仪式。也有专家称之为新教育的"春晚"。我们一直期待，新教育实验年会不仅是新教育人的一场温暖、热烈的相聚，更是一场思想的盛宴，一次方法的交流，一个现场的展示，是再出发的加油站。对于举办方来说，也是借年会的平台，提升区域新教育实验的整体水平，发现和培养更多榜样教师的契机。20年来的新教育实验表明，这样的"初心"，基本做到了。但是，对于某些承办一年一度年会的新教育实验区来说，的确也存在着重外在形式而轻内在品质、重场面的热闹而轻实际的效果等问题，甚至存在着一定的"攀比"现象。

针对新教育实验年会和推广过程之中存在的问题，新教育研究院院长李镇西在2010年写过一篇《新教育热的冷思考》，谈到了他对于新教育发展的"忧虑"。其中提出了几个发人深省的问题：我们会不会把"新教育实验"仅仅当作一个招牌来装潢学校门面，而并不打算认认真真去做？在这个浮躁的时代，几乎任何东西都具有商业价值，都可以用来"扯眼球"，新教育实验是不是也被人赋予了这种功能呢？一年一度的新教育年会会不会成为越来越令人瞠目结舌的"豪华攀比"？他认为，新教育实验应该是朴实无华的，是家常便饭的，即使是一年一度的欢聚，也不应该成为一次烧钱活动。那些为了展示、展演"不惜血本"的做法，本身已经远离了我们所热爱的新教育。

类似的意见，同样多次出现在新教育内部。新教育基金会理事长卢志文在新教育理事会上曾经对实验区、实验学校的快速发展表示担心。他说过一句话："我们是否回访一下，看十年来举行过新教育年会的地方，现在是否都还在搞新教育实验？我每想到这个问题，就脊背发凉！"这些质疑的可贵之处在于，警醒我们要保持理性思考，不忘发起新教育实验的初心。

应该说，针对新教育实验年度会议中成果展示的"场面华丽"，特别是开放周、年会的展示现场过于讲究场面、豪华攀比等问题，新教育实验管理团队还是有着清醒认识的。2020年新教育实验年会筹备期间，笔者就给组委会写信，希望把年会办成一个扎扎实实而非轰轰烈烈、科学务实而非个人崇拜、节俭朴素而非华丽铺张、激荡思想而非罗列拼凑的大会，要求不讲会议排场，不搞大规模专业水准的演出，不要租用专业设备，绝不聘请专业团队搞与实验内容无关的演出。结合新教育本身的探索，以叙事式展演为主，用最朴素的方法，讲最真实的教育故事，鼓舞和引领最普通的教育工作者（朱永新，2020）。

笔者衷心感谢黄甫全、郭元祥等学者及众多新教育同仁对新教育的批评和建议。一个不怕批评的国家是有前途的国家，一个不怕批评的机构是有前途的机构。被批评的时候可能会有委屈，甚至会愤怒，批评对了可能会有伤疤被揭的感觉，批评错了也可能会有啼笑皆非的怨恨，这是许多被批评的人的共同本能反应。其实，对待批评的态度不妨改变一下：批评对了，从心底里感谢，闻过则喜。别人帮助你发现错误，不是可以更好地改正错误并且不断地进步吗？批评错了，不知者无罪，不是可以提醒自己今后不要犯这样的错误吗？把批评当成喝彩和激励，才是我们应该有的态度。犯错误并不可怕，可怕的是我们不知道自己的错误，更可怕的是我们知道错误以后不改正错误，知过不悔。

新教育有宏大的梦想，有人会说我们"痴人说梦"，甚至批评我们"吹牛"，我们相信岁月会见证梦想。新教育注重行动，由于一直没有完成系统建构理论体系的任务，有人说我们"浅薄"，甚至批评我们"无知"，但我们会坚持行动，在行走中踏出理论之路，把梦想化为现实。

三、新教育实验的未来发展

一项民间教育改革运动，历经 20 年而不衰且愈加显出活力，足见新教育实验是符合教育变革趋势的产物。但我们也必须清醒地看到，在互联网、人工智能的新时代，面对覆盖了幼儿教育、小学教育、中等教育、高等教育等阶段的庞大教育体系，新教育要拿出比较系统的管理与教学方案，是非常不容易的。新教育实验仍面临很多挑战，还有漫长的路程要走。在未来几年，新教育实验将在以下几个方面继续探索：

（一）继续加强新教育的理论体系建设，完善新教育课程体系

理论，是新教育的根基。没有理论指导的实验是盲目的实验。20 年来，新教育实验一直注重理论研究与话语体系建设，先后成立了 10 余个专门研究机构。但是，教育研究本身的复杂性和艰巨性，研究经费与条件的有限性，注定了我们的理论研究仍然与实际需要有很大的差距。

课程，永远是教育理论研究与实践探索的关键议题。学什么，是教育首先要解决的问题。围绕"过一种幸福完整的教育生活"这一核心理念，构建由新生命教育（基础课程）、新智识教育课程（真）、新德育课程（善）、新艺术教育课程（美）和个性化课程组成的课程体系，大幅度压缩和整合现在的学校课程体系，把更多的时间和空间留给学生，是新教育课程研究的未来方向。

如何才能卓有成效地帮助新教育共同体成员"过一种幸福完整的教育生活"？如何实现理想的课程体系与现有的课程结构的有效衔接？如何把劳动技术教育等内容与已有课程有机融合？如何发展中国特色的项目学习课程？为解决这些问题，就需要新生命教育研究所、新人文教育研究所、新科学教育研究所、新公民教育研究所、新艺术教育研究院和新教育K12卓越课程研究院等各个研究机构，在未来若干年继续对以大生命、大人文、大科学、大德育、大艺术为特色的新教育课程构架进一步从课程理念、课程标准、课程纲要到教材建设等方面全面、深入地研究，抓紧研发相应的课程，完善新教育课程标准，开发相关的教材等。目前正在进行的新教育学科阅读书目、项目学习书目研发，就是为新教育的未来课程研发做前期工作。

（二）继续加强贫困地区、边远地区的新教育实验区建设，发挥新教育在推进教育公平方面的作用

如前所述，新教育实验学校 62% 在农村或者边远地区。20 年来，新教育实验在改变农村学校的教育生态、提升农村学校的办学品质方面做了大量工作，为推进教育公平做出了一定的贡献。但是，限于资金、人力、物力等多方面因素的制约，仍然还有很大的空间。从区域分布的情况来看，新教育实验虽然覆盖了全国所有省份，但大部分农村学校，还是集中在江苏、浙江、山东、河南等中东部地区，西藏、新疆、宁夏、云南、海南等边远地区和少数民族地区的学校还比较少。

教育公平的问题涉及教育的外部和内部两个方面，一般称之为显性的教育公平和隐性的教育公平，长期以来，大家关注得比较多的是外部的显性的教育公平问题。比如说区域教育发展不平衡，城乡教育发展不平衡，学校之间的发展不平衡，不同群体受教育的不平衡。对于学校教育内部的隐性的教育公平问题关注度是不够的。

所以，在未来的新教育实验资源配置方面，无论是实验区和实验学校的建立、种子教师的遴选，还是完美教室和新教育童书馆的资助等方面，将更多关注边远地区和少数民族地区，更多关注弱势人群，更多关注学校教育内部的隐性教育公平问题。

（三）继续深化新教育教师成长模式，开展教师培养体系再造探索

教师成长，是新教育实验的逻辑起点。新教育实验的教师成长模式，比传统的强制模式更加柔软、人性化，比纯学术的理论模式更加亲切、通俗化，比现在的各种培训模式更系统、专业化，得到了一线教师的认可。但是，如何才能调动教师自我成长的主动性、积极性？如何及时防止教师的职业倦怠？如何大面积地提高教师教育与培训的效率？还有许多问题需要深入研究。在未来几年内，新教育实验将在以下四个方面继续努力：

一是把新教育实验教师成长的理论体系与操作模式进一步总结提炼，形成有效的"工具箱"。也就是说，将进一步把新教育的生命叙事理论和三专理论体系化、操作化，在更大的范围有效地复制和推广。

二是选择与一所到两所师范大学合作，重新构建教师教育课程体系。现在教师教育体系很难培养出优秀的教师、教师职业的专业性比较薄弱等问题，与课程设计不合理不无关系。新教育实验拟借鉴新教育教师成长项目的理念和经验，与部分高校合作，进行系统改造教师教育课程的探索。

三是遴选一批乡村学校,通过乡村教师与城市新教育实验学校的教师结对,帮助乡村教师成长,助力乡村教育发展,把新教育教师成长项目的成果更好地在农村推广,造福更多的乡村学校和乡村孩子,推进教育公平。

四是升级新教育实验网络师范学院,创办新教师大学,通过线上线下结合的方式,遴选优秀的种子教师,帮助教师制定生涯发展规划,指导教师在职研修。

(四)继续研究未来学校的转型,开展未来学习中心试点

风靡世界的教育纪录片《为孩子重塑教育》的制片人泰德·丁特史密斯在《未来的学校》一书中指出:"传统学校挣扎于两类大环境背景之中,一类是拘泥于过去不肯自拔的传统教育体系,另一类是正在不断塑造未来走向的创新世界。"也就是说,现在教育有两个发展方向,一个是继续走传统教育模式这条老路,把孩子们批量送进教育机器之中,"等着这些机器产出大批毫无技能和目标感的年轻人,然后眼看着他们往投票箱里扔手榴弹,却束手无策";另外一个是打破这一切,发动一场真正的教育变革,这样的话,"我们的孩子就能够唤醒自身潜藏的天赋与力量,开拓出充实而精彩的人生之路,去想办法解决我们这代人遗留给他们的诸多难题"(丁特史密斯,2018)。在丁特史密斯看来,传统学校不过是僵化的教育体制打造出来的"纸老虎",是"创新

时代的博物馆文物"。而发动变革打破这一僵化的体制的力量，一定是来自民间的草根行动。

随着新教育实验的深入，我们越来越清晰地看到，在现有的教育体制和教育结构下，学校的变革寸步难行。于是，从2014年开始，笔者深入研究了未来学校与未来教育模式，并且于2019年和2020年先后出版了《未来学校：重新定义教育》和《走向学习中心：未来学校构想》等著作，提出了学习中心的构架：第一，现在的学校（school）将演变成为学习中心（learning center）。传统的学校概念将被新的学习中心取代，人们不必要每天按时去学校，不必按部就班地学习各门课程。第二，现在教学（teaching）的概念将变为学习（learning）的概念。传统的教师教、学生学的教学活动将变为学习活动，学生的学习活动成为学习中心的主旋律。传统的教师中心、课堂中心、教材中心将会真正转型为以学生的学习为中心。第三，现在的教师（teacher）将成为成长伙伴（partner）。传统的教师角色变为助教或者成长伙伴角色。第四，现在的标准化（standardization）教育将变为定制化和个性化（customization and personalization）教育（朱永新，2020）。未来的学生，完全能够做到一人一张课表，而且随时调整学习内容，他们的大部分时间是在家里或者在学校的图书馆、学习室等，通过网络学习、团队学习解决学习过程中的大部分问题，而且通过大数据的方式自动记录他们的学习过程,作为评价的依据。未来学生的学习,"是新建构主义所倡导的零存整取式的学习,是基于个人兴趣和问题解决需要的自发学习,是大规模的网络协作学习"。学生可能不再需要专家学者为他们提供完整的知识结构,而是通过自主学习建构能满足自己需要的个性化知识结构。在这样的学习和建构中,课程、学分、学校、学历等不是最重要的,唯一重要的是"我学到了什么,我分享了什么,我建构了什么,我创造了什么"。

在未来的几年中,新教育将积极推进这样的变革。2020年突如其来的疫情虽然是一个灾难,但同时也提供了一个未来教育的试验场。新教育发起的"云伴读"课程开播期间,先后获得了近50万人次点播,其中参与直播的约40万人次(邱华国等,2020)。新阅读研究所开设的"新阅读 喜说写"抗疫联合儿童说写公益课程,共有26.7万学员参加,提交作业225.9万份。新教育种子计划主办的"飓风的新教育教室12讲"教师培训,共有教师60.2万人次参加,提交感言共计2000多万字。"新中国 新教育 新孩子"新教育萤火虫之夏(2020年)暨全国种子教师峰会,在钉钉平台上共计4.4万名教师参与,总观看109.2万人次,共留下63.3万次点赞,共提交11617篇感言。新教育培训中心组织的"新时代 新德育"全国新教育实验线上开放周,在CCtalk平台的数据显示，八个专场的参与人次达到了 31.05 万。7、8 月份基于新教育十大行动设计的通识培训与提高培训，近 10 万人次参与研训。这些可能就是未来学校、未来课程和未来课堂的模样。

20 年，对于一个人来说，是从牙牙学语、蹒跚学步到风华正茂、意气风发的时段。20 年，对于新教育实验来说，是一个从一个人的念想到一群人的梦想，再到一个团队的理想的发展过程；是从一所学校的探索到五千多所学校加盟的过程。

20 年筚路蓝缕，20 年风雨兼程。"路曼曼其修远兮，吾将上下而求索"。未来仍然面临着许多新的挑战和困惑，但我们会按照全国教育大会提出的"9 个坚持"的原则，继续探索适合我国国情的教育模式。我们会进一步彰显新教育的理想追求与实践探索，扎根中国大地，用自下而上的力量和自上而下的力量相结合，办出中国特色的教育。同时，我们也会瞭望世界，把握时代的脉搏，及时推动教育改革的进程；我们会努力破解长期以来理论与教育实践相脱节的问题，焕发学校和师生更大的生命力。我们坚信，只要上路就会遇到庆典，我们会把新教育实验写成一部具有中国特色的现代教育学草稿，新教育定会继续向着明亮的那方前行。我们相信，经过新教育共同体的不懈努力，在不远的未来，新教育实验学校将培养出一群又一群长大的孩子，从他们身上，能清晰地看到：政治是有理想的，财富是有汗水的，科学是有人性的，享乐是有道德的——这，就是新教育人孜孜以求的共同朝向。这是一个宏大的愿景，需要我们继续努力。我们一直在路上！

注 释

① 考虑到当时农村学校外语教学的难度,后改为培养卓越口才。
② 新教育理想课堂的"六维度"分别是亲和度、参与度、练习度、整合度、延伸度、自由度。"三重境界"分别是"落实有效教学框架——为课堂奠定一个坚实的基础""挖掘知识这一伟大事物内在的魅力""知识、社会生活和师生生命的深刻共鸣"。
③ 吻醒,出自《睡美人》的故事。国王的女儿被纺锤碰倒后一直在林中沉睡,四周的藤蔓荆条成为公主睡床的帘帐。直至有一天,一个年轻的王子路过,吻醒了公主。城堡中的所有人也都苏醒过来。王子公主从此过着幸福的生活。新教育用这个童话,说明书的生命,是通过阅读吻醒的。
④ 笔者在《改变,从阅读开始》中指出,个体的精神发育历程是整个人类精神发育历程的缩影。每一个个体在精神成长过程中,都要重复祖先经历的过程。这一重复,是要通过阅读来实现的。人类的历史有很多精神丰碑,要达到或者超越那些精神高峰,阅读和思考是唯一的途

径。人类精神的阶梯就这样随着重复阅读不断延伸。如果没有这样的重复，人类的精神就会退化，就会衰落。没有阅读，我们这一代人的精神境界可能还远不如文艺复兴时代的大师们，甚至还不如更早以前的历史阶段。对人类思想的进化而言，对个人思想的发展而言，从信息到知识到智慧，就像一个金字塔，它是精神与智力逐步升级发展的过程。唯有通过书籍阅读，我们每一个人的智慧才能一步步地通往精神的"金字塔"之巅。将每一个人的智慧汇总起来，才能体现我们这个时代的精神高度。所以，阅读的过程，就是人的素质不断形成与提升的过程。没有阅读就不可能有个体心灵的成长，不可能有个体精神的完整发育。

⑤ 在英国教育家乔伊·帕尔默主编的《教育究竟是什么？——100位思想家论教育》中，中国只有孔子一人名列其中。

⑥ 石头汤的故事来源于法国民间，讲的是三个士兵打完仗以后疲惫地走在一条陌生的乡村路上，又累又饿。他们走进一个村庄挨家挨户讨吃的，但无人搭理。饥肠辘辘的士兵们想出了一个绝招。他们向村民们宣布，要用石头做一锅世界上最鲜美的汤。好奇的村民们为他们准备好木柴和大锅，士兵们真的开始用三块大圆石头煮汤了！当然，为了使汤的味道更鲜美，他们向村民们要了一点盐和胡椒，还有胡萝卜、卷心菜、土豆、牛肉、大麦和牛奶等，最后果然烧好了一锅神奇的石头汤。新教育用这个故事，说明新教育是大家共同创造的。

⑦ 科学概念作为组织起来的科学知识，是一个相互联系的概念体系，其中有一些概念要比另一些概念能够解释更多的自然现象，甚至跨领域的自然现象。在人类的历史上，这些科学概念的建立也给科学的发展和人类社会的进步带来更大的影响。我们将这些概念称为核心概念。这些概念是纲，纲举才能目张。

⑧ 美国《下一代科学标准》（NGSS）制定者提出的核心概念的四条遴选标准是：（1）对科学或工程学的多学科领域都有重要的价值，或者是单一学科重要的组织性概念；（2）可作为理解和探究更复杂的概念及解决问题的重要工具；（3）与学生的兴趣和生活经验相关，或者联系到

需要科学或工程学知识的社会性或个人关注的问题;(4)能在不同的年级进行教与学,并呈现出深度和复杂性上的增加水平。

⑨ 哈伦和来自世界各国的科学家提出的选择大概念的七条标准:(1)能普遍运用;(2)能通过不同的内容来展开,可以依据关联度、兴趣和意愿来选择内容;(3)可以运用于新的情况;(4)能够用于解释众多的物体、事件和现象,而它们也是学生在学校学习和毕业以后的生活中会遇到的;(5)能够提供一个帮助理解遇到的问题并做出决策的基础,这些决策会事关学生自己和他人的健康与幸福,以及环境和能源的使用;(6)当人们提出有关自身和自然环境的问题时,他们为能够回答或能够寻求到答案而感到愉快和满意;(7)具有文化上的意义。

⑩ 哈伦等选择的14个科学大概念,分别是:(1)宇宙中所有的物质都是由很细小的微粒构成的;(2)物体可以对一点距离外的其他物体产生作用;(3)改变一个物体的运动状态需要有净力作用于其上;(4)当事物发生变化或被改变时,会发生能量的转化,但是在宇宙中能量的总量总是不变的;(5)地球的构造和它的大气圈以及在其中发生的过程,影响着地球表面的状况和气候;(6)宇宙中存在着数量极大的星系,太阳系只是其中一个星系——银河系中很小的一部分;(7)生物体是由细胞组成的;(8)生物需要能量和营养物质,为此它们经常需要依赖其他生物或与其他生物竞争;(9)生物体的遗传信息会一代一代地传递下去;(10)生物的多样性、存活和灭绝都是进化的结果;(11)科学认为每一种现象都具有一个或多个原因;(12)科学上给出的解释、理论和模型都是在特定的时期内与事实最为吻合的;(13)科学发现的知识可以用于开发技术和产品,为人类服务;(14)科学的应用经常会对伦理、社会、经济和政治产生影响。

⑪ 新教育实验甫一问世就受到了敏锐的媒体的关注。《中国教育报》是最早关注新教育实验的专业媒体,记者在2004年发表的一篇报道中就惊叹:"'生于毫末'的新教育实验虽然尚未成就'合抱之木',却已成为当今中国教育改革的一枝奇葩。"而《南风窗》杂志记者章敬平在2004年5月以《新希望工程》为新教育实验命名的报道中写道:"该实验

（新教育实验）有望在另外一重意义上，成为继希望工程之后的'新希望工程'——原先的希望工程是一项增添书桌的工程，侧重于物质。'新希望工程'是一项有了书桌后塑造一个什么样人的工程，注重于精神。可以断定的是，作为一场对抗教育异化的实验，理想主义者试图从源头上救赎中国教育危机的努力，起码可以视作以'人的教育'为旨要的'新希望工程'的剪彩仪式。"同年12月，章敬平又在《21世纪经济报道》撰文，高度评价新教育实验的时代意义。他认为，"作为一项综合性、整体性、长期性的改革实验，新教育的出发点就在于进行'教育共同体及其生活世界改造'。真正的教育是一种回归，回归人类的理想，回归人的发展本身。教育就是为了理想，为了人的和谐发展，为了唤醒潜藏在人们心中认知和创造爱与美的能力。新教育的实质其实是一种人性教育，以个人发展需要为标准的教育价值观。"中央主流媒体也一直关注和报道新教育实验。《人民日报》2006年8月17日的报道指出："让孩子心中有梦想，脸上有笑容，学到终身受益的东西。"《光明日报》2006年12月25日记者表示在采访中听到的最多的一句话就是："一样的学生，一样的学校，但是教师的精神状态发生了变化。"中央电视台2007年11月在其《新闻观察》栏目用45分钟的时间，以"心灵的教育"为题深度报道新教育实验。主持人柴静评论说："相对以分数为主要导向的应试教育，新教育注重与人类的崇高精神对话，强调一个人的精神发育史就是他的阅读史，并且通过晨诵、午读、暮省的儿童生活方式，让学生拥有一个博爱而敏感的心灵，重塑他们的精神世界的蓝图。"《人民政协报·教育在线周刊》主编贺春兰认为："和批评相比，对转型中的中国社会、中国教育而言，建设的价值要优于破坏的价值，这个社会更需要心怀理想、执着践行的建设者。"《中华儿女》杂志编辑部主任刘之昆在2010年3月刊发表文章，提出新教育实验是一种理想主义色彩极浓的行动，也是一种带有几许悲壮色彩的"抗衡"。认为新教育人不满足于坐而论道，而是高举着理想之旗，在行动力困乏的当下，仍然要义无反顾地"蹒跚前行"，做些实实在在的事情，最起码，对当下的中国知识分子群体无疑是一面镜子式的昭示。教育的专业媒体也多次聚焦新教育实验。《中国教师报》2010年7月的一篇评论指出:"只要行动,就有收获;只要坚持,就有奇迹。这是新教育实验一直推崇的信条。而反观当前,在中国'灰霾'遍布的教育星空中,我们更多的是抱怨、批判,而缺少建设和行动。新教育实验人就是这样一批行动者、实践者、建设者,也是一群擦星星的人。因为总得有人去擦星星。擦亮星星,就是点燃希望。"《校长》2012年第2期用100多页的篇幅全方位推介新教育实验,主编李斌在卷首语中评论说:"站在中国教育前所未有的变革机遇和成长节点上,同样可以说,新教育实验的成败,将在很大意义上影响甚至决定中国教育乃至中国社会未来的格局——也许历史终会证明,这个说法并不夸张。"《中国教师报》2015年6月6日发表记者翟晋玉的专题报道,讲述了新教育实验中教师成长的许多感人故事,最后总结说:"从一个人的念想开始,到实验区遍布全国各地,参与师生逾200余万。17年来,新教育实验在中国大地上掀起的波澜和磅礴,令人瞩目。她不求名利,扎根田野,深入基层,成为推动中国教育改革的一支重要力量,书就了浓墨重彩的一笔。特别是通过提升教师专业素养,新教育改变了许多教师的职业生涯和生命状态,进而改进了当地的教育生态。"《中国教育报》2016年11月15日用整版篇幅发表记者俞水采写的长篇报道《一场教育实验生发的故事与思考》,讲述了新教育实验对于师生和学校的改变。她写道:"一个一个孩子,一名一名教师,一所一所学校,用一个个故事践行着新教育的目标。16年来,新教育实验从生发于学术的纸质梦想,到个体的行动探索,进而有了3000所实验学校,实验影响遍及全国。一群教育人的理想,生根,发芽,与中国3000所学校的教育现实紧紧缠绕着,逐渐茁壮……"

参考文献

[1] [美] 爱因斯坦. 爱因斯坦文集 [M]. 许良英，范岱年，译. 北京：商务印书馆，1976.

[2] [英] 戴维·伯姆. 论对话 [M]. 王松涛，译. 北京：教育科学出版社，2004.

[3] [美] 泰德·丁特史密斯. 未来的学校 [M]. 魏薇，译. 杭州：浙江人民出版社，2018.

[4] 吕达，刘立德，邹海燕. 杜威教育文集 [M]. 北京：人民教育出版社，2008.

[5] 董宝良. 陶行知教育名篇选 [M]. 北京：人民教育出版社，2012.

[6] 丰子恺. 艺术漫谈 [M]. 长沙：岳麓书社，2018.

[7] 傅东缨. 极目新教育 [M]. 北京：人民文学出版社，2019.

[8] [美] 温·哈伦. 科学教育的原则与大概念 [M]. 韦钰，译. 北京：科学普及出版社，2011.

[9] [美] 约翰·汉尼斯. 要领 [M]. 杨斌，等译. 杭州：浙江教育出版社，

2020.

[10] [德]约翰·弗里德里希·赫尔巴特.普通教育学[M].李其龙,译.北京:人民教育出版社,2015.

[11] [美]艾瑞克·唐纳德·赫希.知识匮乏:缩小美国儿童令人震惊的教育差距[M].杨妮,译.福州:福建教育出版社,2017.

[12] [美]杰克·贝蒂.管理大师德鲁克[M].吴勇,江峰,方小菊,译.上海:上海交通大学出版社,1999.

[13] [美]安德鲁·卡内基.财富的声音:卡内基大传[M].朱绍格,译.北京:企业管理出版社,2012.

[14] [美]菲利普·库姆斯.世界教育危机——八十年代的观点[M].赵宝恒,等译.北京:人民教育出版社,1990.

[15] 李海云.新教育中国化运动[M].北京:社会科学文献出版社,2009.

[16] [美]马西娅·C·林,[以色列]巴特–舍瓦·艾伦.学科学和教科学:利用技术促进知识整合[M].裴新宁,刘新阳,译.上海:华东师范大学出版社,2016.

[17] 林崇德.21世纪学生发展核心素养研究[M].北京:北京师范大学出版社,2016.

[18] 柳斌.柳斌谈素质教育[M].北京:北京师范大学出版社,1998.

[19] [英]罗斯玛丽·卢金,栗浩洋.智能学习的未来[M].徐烨华,译.杭州:浙江教育出版社,2020.

[20] [日]茂木健一郎.创意脑:用脑科学激发创造力[M].袁光,译.杭州:浙江人民出版社,2013.

[21] [美]马丁·诺瓦克,罗杰·海菲尔德.超级合作者[M].龙志勇,魏薇,译.杭州:浙江人民出版社,2013.

[22] [美]内尔·诺丁斯.幸福与教育[M].龙宝新,译.北京:教育科学出版社,2014.

[23] 邱华国,吴虹.新教育的云伴读[M].太原:山西教育出版社,2020.

[24] 朱永新.苏霍姆林斯基教育箴言[M].北京:教育科学出版社,2016.

[25] [苏]苏霍姆林斯基.育人三部曲[M].毕淑芝,等译.北京:人民教育

出版社，1998.

[26] 吴明海.欧洲新教育运动的历史研究[M].北京：教育科学出版社，2008.

[27] "新教育理论的实践及推广研究"总课题组.与理想同行——"新教育实验"指导手册[M].福州：福建教育出版社，2005.

[28] [古希腊]亚里士多德.尼各马科伦理学[M].苗力田,译.北京：中国人民大学出版社，2003.

[29] 杨东平.艰难的日出——中国现代教育的20世纪[M].上海：文汇出版社，2003.

[30] 叶仁敏.行动的力量——新教育实验实证研究[M].北京：北京大学出版社，2017.

[31] 张菊荣,焦晓骏.发生在教育在线的故事[M].福州：福建教育出版社，2005.

[32] 朱永新,王智新.当代日本教育丛书[M].太原：山西教育出版社，1999.

[33] 朱永新.困境与超越——当代中国教育述评[M].南宁：广西人民出版社，1990.

[34] 朱永新.中华教育思想研究——中国教育科学的成就与贡献[M].南京：江苏教育出版社，1993.

[35] 朱永新.我的教育理想[M].南京：南京师范大学出版社，2000.

[36] 朱永新.我的阅读观[M].北京：中国人民大学出版社，2012.

[37] 朱永新.走在新教育路上[M].北京：中国人民大学出版社，2012.

[38] 朱永新.新教育年度主报告[M].武汉：湖北教育出版社，2014.

[39] 朱永新,许新海,童喜喜.新教育晨诵[M].合肥：安徽少年儿童出版社，2017.

[40] 朱永新.致教师[M].武汉：长江文艺出版社，2017.

[41] 朱永新,冯建军,袁卫星.新生命教育[M].太原：山西教育出版社，2017.

[42] 朱永新.新教育实验：中国民间教育改革的样本[M].北京：中国人民

大学出版社，2019.
[43] 朱永新. 造就中国人：阅读与国民教育 [M]. 深圳：海天出版社，2019.
[44] 朱永新. 未来学校：重新定义教育 [M]. 武汉：长江文艺出版社，2019.
[45] 朱永新. 新科学教育论纲 [M]// 新教育实验关于科学教育的理论与实践. 北京：化学工业出版社，2020.
[46] 朱永新. 走向学习中心：未来学校构想 [M]. 北京：中国人民大学出版社，2020.
[47] 朱永新. 新家庭教育论纲 [M]// 新教育实验关于家庭教育的理论与实践. 长沙：湖南教育出版社，2020.
[48] 庄泽宣. 如何使新教育中国化 [M]. 上海：民智书局，1929.
[49] 成尚荣. 新教育：未来教育的一面旗帜（上）[J]. 中国教师，2018(10).
[50] 成尚荣. 新教育：未来教育的一面旗帜（下）[J]. 中国教师，2018(11).
[51] 郭元祥. 大规模教育实验：意义与局限 [J]. 教育研究与验，2006(4).
[52] 李东琴. 新教育实验的学生阅读素养报告 [J]. 中国教育学刊，2016(5).
[53] 核心素养研究课题组. 中国学生发展核心素养 [J]. 中国教育学刊，2016(10).
[54] 刘堂江. 点燃教师以教育家情怀的圣火 [J]. 未来教育家，2015(6).
[55] 鲁洁. 人对人的理解：道德教育的基础——道德教育当代转型的思考 [J]. 教育研究，2000(7).
[56] 卢玮，俞冰，杨帆，许庆豫. 关注学生成长：新教育实验学校实践效果的基本评估——基于新教育实验学校与非新教育实验学校的比较 [J]. 基础教育，2018(4).
[57] 王定华. 为基层教育实验者点赞 [J]. 人民教育，2015(6).
[58] 王海珍. 朱永新新教育的知行合一 [J]. 中华儿女，2019(21).
[59] 肖善香. 新教育实验对教师综合效能感影响的测度研究 [J]. 开放学习研究，2019(2).
[60] 夏之晨，朱永新，许庆豫. 学生阅读素养的提升路径：新教育实验学校的实践——基于阅读态度、阅读行为与阅读素养关系的比较研究 [J]. 教育研究与评论，2017(2).

[61] 杨帆，俞冰，朱永新，许庆豫. 校园欺凌与学校归属感的相关效应：来自新教育实验的证据[J]. 课程·教材·教法，2017(5).

[62] 杨帆. 家庭环境是怎样影响小学生学习表现的？——基于对新教育实验"家校合作共育"行动效果的调查[J]. 华东师范大学学报（教育科学版），2021(3).

[63] 张志增. 晏阳初及其主持的定县乡村平民教育实验[J]. 中国职业技术教育，2016(34).

[64] 朱永新，余国志. 新教育实验的话语研究[J]. 中国教育学刊，2015(7).

[65] 陈香. 让阅读奔涌，形塑中国价值社会[N]. 中华读书报，2020-07-15.

[66] 褚清源. 教师成长的"新教育范式"——新教育实验网络师范学院的10年探路[N]. 中国教师报，2019-09-25.

[67] 尹琨. "边听边摸"让盲人学生读得深学得准[N]. 中国新闻出版广电报，2018-10-16.

[68] 李晔，张斌. 一个网站的震荡波[N]. 解放日报，2004-06-08.

[69] 王珺. 最理想的学校图书馆什么样？——朱永新推出"书香校园"概念[N]. 中国教育报，2003-03-13.

[70] 王莉. 中国话语体系构建的基本维度[N]. 光明日报，2017-09-25.

[71] 习近平. 致全国广大教师的慰问信[N]. 人民日报，2013-09-10.

[72] 朱永新. 与文字打交道的人是幸福的[N]. 光明日报，2016-11-04.

[73] 黄甫全. 必须警惕当代教育研究中的"浮夸"风气——致苏州市副市长朱永新博士的公开信[EB/OL]. http：//www.acriticism.com.

[74] 李镇西. 新教育热的冷思考[EB/OL]. https：//www.sohu.com/a/23746322_114688.

附录一
2022 年一丹教育发展奖颁奖词

我衷心祝贺朱永新教授获得 2022 年一丹教育发展奖。作为新教育实验发起人，朱教授致力于解决世界各地教育工作者面临的最棘手的挑战，推进教育公平和普惠。他的工作从教育的不同角度出发，激励学生、教师和家长合作，强调学习的幸福感和个人成长。他认为教育的目标应该是"过一种幸福完整的教育生活"。

成立 20 多年来，新教育实验已经从一所学校发展成为 8000 多所学校、50 多万教师及 800 万学生积极参与的网络，其中许多学校位于偏远的农村地区。在新教育研究院以及旗下各专业研究机构的协调与推动下，众多区域的教育行政部门、实验学校、一线师生、志愿者积极投入新教育实验中，以行动研究的方式开展工作。

新教育实验以研究为基础，不断优化教学方法，旨在提高教师及学生的阅读、写作和沟通能力，通过家校合作进一步改善教育生态。这些措施逐渐改变了教师专业发展模式和学生在校内外的学习方式。学生和教师的积极性都提高了,学生的学习成果也有明显改善。

新教育实验的"教师成长模式"旨在解决教师职业倦怠和专业发展的问题。新教育实验还提供阅读书目、线上资源和平台等,鼓励教师静思吸纳、专业阅读与写作、梳理表达和分享,将前沿学术研究带给一线教育工作者,建立一个教师成长共同体,鼓励教师的专业发展、鼓励教师间的交流合作,让教师自身价值得到体现。世界各地的教育家都可以从新教育实验的教师激励模式中得到启发。

新教育实验通过"营造书香校园"等十大行动策略,以阅读和写作为基础,积极动员学生、教师和家长合作,共同成长。通过提供课余及校内外的阅读书目等学习资源,鼓励师生共写随笔、亲子共享阅读等创新的教学方式。新教育实验通过与学生所在社区的积极互动,营造了更积极的家庭学习环境,培养学生的成长型思维,培养他们成为宽容、乐于合作的公民。这种协作模式有清晰的学习目标,跳出了应试教育的窠臼,提高了教学结果。

这些只是新教育实验的一部分。朱永新教授的著作通过28种语言广泛在海外传播,他的书里还有很多对新教育实验成果的阐述。这些实践经验经过亚洲研究机构的分析,为一些地区制定教育政策提供参考。根据疫情期间累积的大量远程学习经验，朱教授计划建立一个采用云技术的教学资源平台，支持教师专业发展。

祝贺朱永新教授多年的教育工作受到肯定。他致力于解决教育公平问题，帮助教师开拓视野，打破自身顽固的思维壁垒，促进教师的专业发展和人生幸福。新教育实验在中国的实践经验对其他国家的教师专业发展也有借鉴意义。

朱教授在充满挑战的环境里，坚持解决教育中最棘手的问题，说明心态和思维是改变教育的有力工具。更重要的是，他提醒我们：每一个人都可以幸福、快乐地学习。我代表评审委员会祝愿朱永新教授和他的团队继续成长，共同进步。

多萝西·戈登（Dorothy K.Gordon）—— 一丹教育发展奖评审小组主席、联合国教科文组织教育应用资讯科技研究院理事

附录二
新教育实验实施效果评估报告

评估基本情况

一、背景与目的

新教育实验从 2000 年发展至今,已有 20 个年头。新教育实验的四大改变、十大行动已经深入到全国各地,取得了一系列的重要成果。在这 20 年的关键时间点上,我们受江苏昌明教育基金会委托,对新教育实验实施效果进行第三方评估,旨在对过往的发展历程进行总结,对实施现状进行评估,并对新教育实验的未来发展建言献策。总结是为了沉淀和积累,评估现状是为了审视和检阅。在审视新教育实验自身发展的同时,向全球领先的教育风向标看齐。本次研究将对标国际先进教育评估体系,评估新教育实验现阶段的优势以及不足。最后，本次研究将综合整体发展和现状评估，对新教育实验的未来发展建言献策。

二、评估思路

本次新教育实验效果评估的核心思路为同心圆评估法。同心圆评估法是指通过以核心评估对象为中心，不断向外扩展出不同的圈层，越靠近中心的圈层与目标的关系越密切。从近到远分别为核心圈、参与圈和同行圈。

在此次研究中，评估对象为新教育实验。核心圈是指该研究目标的领导者、倡导者以及组织者。对于新教育实验而言，是新教育研究院负责人、各实验区负责人以及各教育局负责人等。参与圈是指该研究目标的受益人群以及主要投入者。对于新教育实验而言，包括直接负责新教育实验的一线教师、学生以及学生家长等。同行圈是指该研究目标的圈内非参与者以及外围关注者。对于新教育实验而言，是指并未亲自投入其中的教育领域相关工作者。本次研究将通过了解不同圈层相关主体对新教育实验的评价、看法，进行全面、科学的评估。

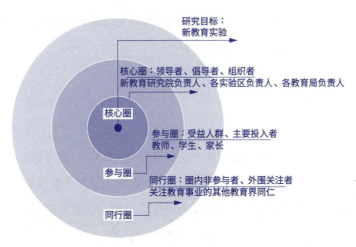

图1 同心圆评估法

三、评估内容

1. 成效评估：对新教育实验的实施效果进行评估

借鉴国际上相关的教育评估体系，评估内容主要从以下几个方面展开：

- 综合成效：给学生成长、教师发展带来的实际效果。
- 具有远见：着眼于教育的未来发展趋势及需求。
- 富创新精神：开创新的技术应用或教育方法。
- 具改革能力：为教育系统做出积极影响或改变。
- 具可持续性：取得长期持久的成果及具备可复制性。

2. 未来展望：为新教育实验的未来发展提出建议

总结新教育实验历年发展情况以及结合评估结果，对新教育实验未来的发展方向提出意见建议。

- 对新教育实验未来发展做出展望
- 为新教育实验未来发展提出建议

四、评估方法及样本量[1]

为了全面评估新教育实验历年发展情况，本次研究运用定性与定量相结合的方式来对新教育实验实施效果进行研究和评估。

（一）定性研究

1. 文献研究

通过搜集、整理新教育已经出版的文献资料，在新媒体上发布的官方内容以及各界对其报道、评论等资料，对新教育实验的发展脉络、创新特点、现实成效进行梳理汇总。

2. 深度访谈

深度访谈执行时间为 2020 年 4 月 26 日—2020 年 4 月 27 日，共访谈了 8 位受访者，包括教育行业专家、区县教

---

[1] 此处略去详细介绍。

育局负责人、校长、教师以及学生家长,涉及江苏、山东、山西、河北、福建等新教育实验典型代表区域。

附表1 深度访谈执行情况

类型	深访对象	所属省份	所属实验区	样本量
核心圈	区县教育局负责人	江西	江西定南实验区	1
参与圈	学校校长	山东	山东日照主城区	1
		河北	河北石家庄桥西实验区	1
	一线教师	辽宁	辽宁沈阳实验区	1
		江苏	江苏常州武进实验区	1
	家长	福建	厦门同安实验区	1
		山西	山西绛县实验区	1
同行圈	教育行业专家	北京	北京海淀实验区	1
		共计		8

(二)定量研究

定量研究主要采取线上问卷调查的方式进行,于2020年4月25日—4月31日开展在线填答,调查对象包括新教育实验教师、学生[2]以及家长三类群体,涉及东部(江苏省、浙江省)、中部(河南省、湖北省)和西部(甘肃省、四川省和和新疆维吾尔族自治区)10个新教育实验区,共成功

---

[2] 考虑到学生的自主表达能力,本次访问的学生主要是六至九年级的学生。

回收有效样本量 2027 份，在 95% 的置信度下，抽样误差为 ±2.2%，属于可接受的误差范围。

附表 2　问卷调查样本执行情况

类　型	在线填答对象	样本量
参与圈	教师（含主管部门工作人员、学校行政管理人员及教育研究机构人员）	471
	学生	320
	家长	1236
	共计	**2027**

附表 3　问卷调查样本分布情况

在线填答对象所属新教育实验区	样本量
江苏海门实验区	188
江苏姜堰实验区	104
江苏新沂实验区	70
浙江萧山实验区	70
河南焦作主城区	111
河南洛阳高新实验区	76
湖北随县实验区	64
新疆奎屯实验区	971
甘肃兰州榆中实验区	270
四川成都武侯实验区	103
共计	**2027**

评估主要结论

一、综合成效：新教育实验获教师、家长及学生较普遍认可

通过对实际参与过新教育实验的教师、家长和学生进行抽样调查，结果显示，新教育在实验区实践效果显著，新教育实验推广、倡导的"十大行动"以及开设的课程等均得到了教师、家长及学生的较广泛认可。

首先，从家长及学生对新教育实验的了解程度来看，参与新教育实验的受访者中，60%以上的家长对新教育实验有较明确的认知，学生中这一比例则达到了71.9%，仅有7.5%的受访学生对于新教育实验不清楚。

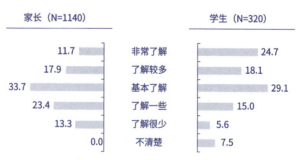

图2 家长及学生对新教育实验的了解程度（%）

其次，教育的中心是学生，新教育实验的成效应关注是否对学生的成长有帮助，从新教育实验倡导的"十大行动"来看，评估者分别从教师、家长和学生自身角度，了解其对学生成长带来的成效。结果发现，超过 90% 的教师都认为"十大行动"能给孩子的成长带来帮助。其中获得认可度最高的两项行动是"营造书香校园"和"家校合作共育"，认为非常有帮助的占比分别为 85.5% 和 83.5%，且认为有帮助的占比均超过 97%。

	非常有帮助	比较有帮助	一般或不太有帮助
营造书香校园	85.5	11.6	2.9
师生共写随笔	74.9	20.6	4.5
培养卓越口才	80.4	15.6	4.0
缔造完美教室	75.1	18.6	6.2
构筑理想课堂	77.2	19.3	3.5
聆听窗外声音	79.2	17.3	3.6
建设数码社区	81.3	12.1	6.6
推进每月一事	76.0	16.8	7.3
研发卓越课程	80.8	13.9	5.3
家校合作共育	83.5	13.6	3.0

图 3 教师关于新教育"十大行动"对学生成长帮助效果的评价（N=470，%）

将教师关于新教育"十大行动"对学生成长帮助效果的评分进行对比发现，"营造书香校园""家校合作共育"和"培养卓越口才"在教师队伍中获得一致好评，评分分别为 95.7 分、95.2 分和 94.2 分。

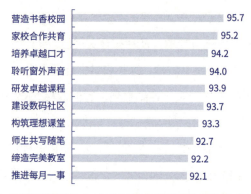

图4 教师关于新教育"十大行动"对学生成长帮助效果的评分（N=470）

家长和学生作为活动的参与者，也给予了较高的评价。家长和学生对于"十大行动"的总评分分别为85.49分和86.25分，均处于优秀水平[3]。其中，88.1%的家长和90.9%的学生认为学校所开展的"十大行动"对学生学习和自身成长有帮助。

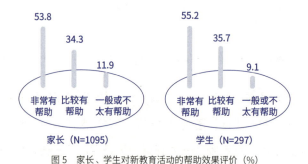

图5 家长、学生对新教育活动的帮助效果评价（%）

---

[3] 按零点公司对满意度评价的一般分级标准：85分以上为优秀水平，75—85（含85）分为良好水平，60—75（含75）分为合格水平，60分以下为不合格水平。

最后，从新教育开设的系列课程来看，超过 90% 教师认为这些课程对学生成长有所帮助，认为效果一般或不太有帮助的教师占比约为 5%。其中"读写绘课程"的帮助效果最受认可，有 85.7% 的授课老师认为其对孩子的学习成长非常有帮助；"家校合作课程"及"晨诵、午读、暮省课程"的认可度也相对较高，有超过 97% 的授课老师认为其对孩子成长有所帮助。

图 6　教师关于新教育课程对学生的帮助效果评价（N=470，%）

从教师对各项课程的评分来看，各项课程得分均超过 90 分，处于优秀水平。其中，"读写绘课程"和"家校合作课程"获得的评分相对较高，分别为 95.6 分和 94.7 分。

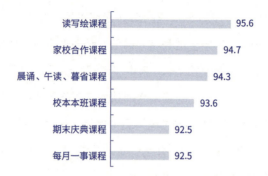

图 7　教师关于新教育课程对学生的帮助效果的评分（N=470）

家长和学生对新教育课程的帮助效果也给予了较高的评价，评分分别为 83.37 分和 84.78 分，处于良好水平。其中，84.9% 的家长认为孩子参加新教育课程对孩子有帮助，87.7% 的学生认为参加新教育课程对自身有帮助。

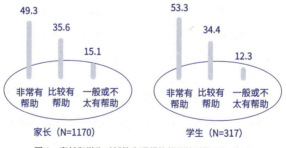

图 8　家长和学生对新教育课程的帮助效果的评价（%）

二、教师收获感:新教育教师培训课程,90% 以上的教师表示受益

对学生的培育,首要是对教师的培训。新教育为有情怀的教育者提供机会,不仅开设线下的新教育实验培训中心,同时提供线上网络教师培训,为想要做出改变的教师提供成长机会。

调查结果显示,各实验区受访的教师中,有 457 名参与过新教育教师培训课程,其中超过 90% 的教师表示新教育培训课程对其有帮助,表示非常有帮助的受访者也超过 75%。从教师参与培训课程来看,家校合作专题研讨、实验项目专题培训所获得的好评率最高,都有 97% 以上的受访教师表示对其有帮助,且表示非常有帮助的均超过了 80%;

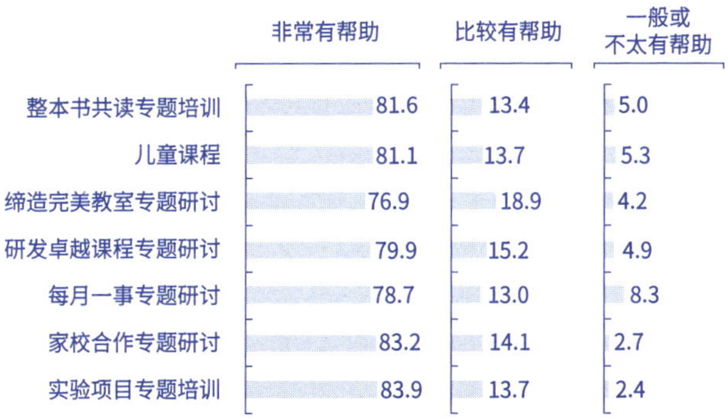

	非常有帮助	比较有帮助	一般或不太有帮助
整本书共读专题培训	81.6	13.4	5.0
儿童课程	81.1	13.7	5.3
缔造完美教室专题研讨	76.9	18.9	4.2
研发卓越课程专题研讨	79.9	15.2	4.9
每月一事专题研讨	78.7	13.0	8.3
家校合作专题研讨	83.2	14.1	2.7
实验项目专题培训	83.9	13.7	2.4

图 9 新教育对教师的培训效果评价(N=457,%)

每月一事专题研讨的评价相对较低，有 8.3% 的受访教师表示成效一般或不太有帮助。

从新教育课程对教师培训效果的评分情况来看，七大类培训课程得分均在 90 分以上，处于优秀水平。其中，实验项目专题培训及家校合作专题研讨得分均在 95 分以上，表现较为突出；而缔造完美教室专题研讨及每月一事专题研讨得分相对较低，存在进一步改善的空间。

图 10　新教育对教师的培训效果评分（N=457）

参加新教育实验以来，教师在各方面都有所收获。根据教师反馈情况，认为培训成效主要体现在三个方面，分别为"教学能力得到提升"（62.4%）、"教育视野得到开拓"（61.8%），以及"能看到学生的成长"（57.7%）；认为"太流于形式，不切实际"的受访教师仅占 0.2%，侧面反映新教育实验整体规划合理、组织开展有序。

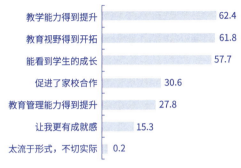

图 11 通过新教育实验，教师的成长和体验反馈（N=471，%）

三、学生能力改变：新教育实验对学生阅读、沟通表达能力提升最明显

参与新教育实验后，学生能力的变化，也是新教育实验成效的重要体现。从教师、家长及学生自身的反馈来看，新教育实验对学生在阅读兴趣、阅读能力、沟通表达能力、语言表达能力、写作能力、数学兴趣、数学能力、科学兴趣和科学能力等方面均有所提升，认为新教育实验下学生各方面能力没有得到提升的教师不足 10%，学生和家长相对较多，但仍低于 20%。其中，学生能力提升最明显的维度体现在阅读兴趣的增强、阅读能力的提升、沟通表达兴趣的增强以及语言表达能力的提升。

从教师对学生能力改变的评价情况来看，阅读兴趣的增强最为显著。认为显著提升的教师达到 64.8%，且认为提升的教师合计达到 98.6%；其次是写作能力，有 98.1% 的教师认为学生的写作能力得到了提升。

图 12 教师对学生能力改变的评价（N=471，%）

从家长对孩子能力改变的评价情况来看，80% 以上的家长认为孩子的各项能力得到了提升。其中，语言表达能力、阅读能力、阅读兴趣和沟通交流兴趣的提升更为显著，均有超过 90% 的家长认为孩子在这些方面的能力得到了提升；数学能力及数学兴趣表现相对较差，分别有 15.1% 和 14.0% 的家长认为未得到提升。

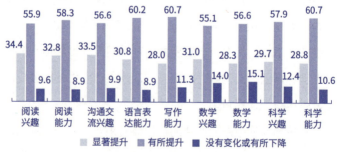

图 13 家长对孩子能力改变的评价（N=1208，%）

从学生对自身能力改变的评价情况来看，有超过 90%的学生认为自身在这些方面的能力得到了提升。其中，语言表达能力、阅读能力、阅读兴趣和沟通交流兴趣的提升更为显著。

图 14　学生对自身能力改变的评价（N=317，%）

另外，对比教师、家长和学生对于学生自身能力改变的总评价情况，教师的评分相对较高，为 88.3 分，处于优秀水平；学生和家长分别为 83.1 分和 79.6 分，均处于良好水平。

图 15　教师、家长、学生对学生能力改变的总评价

此外，在对家长的访谈中，有家长指出，通过新教育实验，孩子在老师的指导和任务布置下，从最开始需要家长督促才会学习，逐渐学会了自主学习，可以充分安排学习时间；同时在家长参与学习指导和互动的过程中，亲子关系变得更好，孩子的表达能力得到了很好的提升。

四、创新性：新教育在理念、模式上的创新得到高度认可

教育的创新，既需要有效回应时代变化与需要，又应兼具前瞻性和超越性。新教育提出的核心价值、四大改变、五大理念、十大行动以及推出的儿童课程、教师发展培训、理想课堂、每月一事、童话剧、学校文化建设等项目，是在汲取传统教育精华基础上开展的创新教育，无论是在教育理念、教育模式上，还是在教育内容、教育成果上，相对于传统教育都有所创新。

总体来看，无论从教师的视角还是家长的视角，绝大部分受访者都认同，新教育在教育理念、教育模式、教育内容以及教育成果等方面比传统的教育有创新，仅有 3.4% 的受访教师和 4.0% 的受访家长认为新教育与传统的教育没有区别。其中，新教育在理念和模式上的创新性，得到教师（84.9%、79.6%）、家长（69.7%、74.7%）的更多认可。

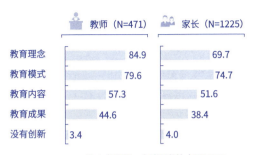

图16 与传统教育相比,新教育在哪些维度有创新性(%)

从学生的视角来看,多数学生认为新教育实验课程在获得的收获、上课的形式以及课程的内容方面与传统教育课程有很大不同,仅有 5.6% 的受访学生认为新教育课程与传统教育课程在以上几个方面均无变化。

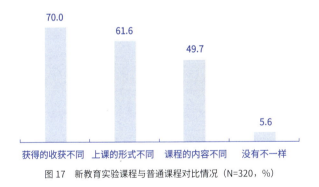

图17 新教育实验课程与普通课程对比情况(N=320,%)

五、前瞻性:新教育有助于增强教师的职业认同感、成就感

调研中还发现,新教育为提高教师的职业认同产生了积

极效应。教师是推动未来教育变革的核心力量,让他们获得持续前进的动力,才可能谈教育的未来。

随着教师专业化发展的不断推进,培养高素质、专业化的教师队伍是教师教育所追求的目标。但传统教育重视学生成绩,对教师自身成长的关注不够。简单僵化的教学模式,既会让学生厌学,也会让教师厌教,甚至产生职业倦怠,职业幸福感降低。新教育以教师成长为起点,以营造书香校园等十大行动为路径,以帮助新教育共同体的师生"过一种幸福完整的教育生活"为目的,转变了传统的教师教学模式,不只是在教学方法、教学内容上给予教师新的支撑,也在心理状态、精神状态上为教师注入更多能量,为正处于教育改革中的教师注入新的活力和生机,受到了教师的欢迎。

传统教育也会说提高教师地位、教师待遇等,但具体措施落实效果不明显,新教育在外部条件未得到改善的前提下,通过专业阅读、专业写作等改变教师的行走方式,使得教师可以获得内心的愉悦和成就感,收获了他人无法拥有的一份精神自信。[4]

——江西省定南县教育局负责人

---

[4] 在此份报告中,楷体内容为受访者原话,后文将不再赘述。

新教育一方面关注教师的成长，另一方面也关注学生和家长。新教育提出的教师专业发展的"三专模式"对教师来说是一个很好的成长途径。把教师专业发展与教师的幸福生活联系在一起，我觉得这一点非常重要。因为过去虽然也提倡教师的专业发展，但更多是注重专业，较少关注人的生活样态、幸福指数等，相对来说，新教育在这一方面更加新颖一点。教师既有专业成长，同时也能感受到教育生活的一些快乐，这样，幸福指数也就相应提高了。

——山东省日照市金海岸小学学校负责人

新教育建立了自己的模式，尤其是在德育方面，不再拘泥于传统教育的大纲和教材，教育模式更加多元化，教材内容更丰富、有内涵。让教师知道怎样去做得更好，这很重要。

——江苏省常州市武进区清英外国语学校教师

六、突破性：新教育助力改变欠发达地区的应试困局

未来的教育发展趋势一定是围绕学生身心的全面发展，而不是仅注重学科教育。但教育欠发达地区对于教育的重视程度及视野高度都不如发达地区，仍然广泛存在"只要学好了知识就行"的观念，或者即使观念改变了，也缺少相应的能力或资源在行动上做出改变。新教育实验一直特别关注教

育欠发达地区,包括农村地区以及部分三四线以下城市地区。随着新教育在这些地区的推广扎根,越来越多的家长更重视孩子的教育,在教育观念上也发生了很大变化,对于教育的期待也发生了改变,不再是简单的知识学习,而是更重视孩子全面的成长以及学习主动性的培养。"希望孩子成长为乐观的人,不需要成绩特别好,希望能学会学习,主动学习,养成良好的学习习惯。"

新教育关注我国农村教育,关注学生的全面发展,把农村的教师、学生以及家长等多方力量凝聚在一起,共同参与到教育中来,为农村教育的突破革新贡献了力量。

我们学校是农村学校,学生、家长的整体认知都不太能接受新教育的概念,大家都觉得不要好高骛远,就实打实地搞好学科知识,学习成绩好就行了,谈不上对孩子身心的关心。但后来接触新教育时间久了,大家对于这种教育方式的接受度就提高了。这几年学校的整体口碑、家长的认可度都有所提高。

——河北省石家庄市桥西区实验小学负责人

我们这个地方呢,人比较喜欢吃喝玩乐,对阅读这些精神层面的兴趣爱好不大关注,但推行新教育以后,很多老师自己做了公众号,每天看书写作,还会跟学生一起共读,在这个过程当中还会把家长拉进来。老师、学生、家长成为了一个学习共同体，现在，走进我们这里的每一所学校，都能感受到书香。

——江西省定南县教育局负责人

七、家校共育：协作成效有目共睹，沟通方式不断创新

近年来，家庭教育作为教育的重要组成部分，受到各界越来越高的重视。从前述评估中可以看到，新教育实验中关于家校合作的活动或课程，得到了教师、家长和学生的高度认可。深度访谈中也了解到，新教育实验把家校合作共育放到重要位置，通过成立家校合作委员会、新父母学校与俱乐部、萤火虫工作站等多种形式积极搭建家校合作平台，以家校读物、家校互访、家校叙事以及微信群、QQ群等新技术手段，与家长保持长期友好的合作关系，形成同向、同步的教育合力，共同促进了学生成长。

家校合作共育是新教育实验的一个亮点。同时，也有受访者建议，随着新教育实验的大范围推广，教师的理论素养和教学能力也需相应不断提升、优化，在家校合作等相关活动的具体开展上，希望能得到更多指导。比如，针对新加入实验区的学校，新教育研究院是否可定期调配已通过新教育成长起来的优秀青年教师前往进行公益指导教学。

我们学校成立了家校合作部，组织家长进课堂，要求每一个家长都必须到学校来，给学生上一堂课，形式也是多种多样的，我们是全方位开放的，家长也可以利用自身资源邀请其他不同职业、不同阅历的家长发挥自身的职业优势和兴趣特长，走进校园，走进课堂，走近学生。

——江苏省常州市武进区清英外国语学校教师

例如，我们组织学生和老师参与书写新教育课程，让家长也参与进来，还邀请牙医到学校给学生讲一些保护牙齿的课程，学生们都特别喜欢，家长也很支持。

——江西省定南县教育局负责人

在家校合作方面，我们努力让家长成为教育的同盟。我们一直在讲，教育的路，我们一起走。我们也在这方面提供了一个平台。例如，成立了三级家长委员会，让家长能够参与到家校共育的活动中，还有情智讲台，在这个讲台上，我们邀请家庭教育经验丰富的人进校园开讲，这样更能引起家长共鸣，但也希望新教育研究院能指派优秀的青年教师来校指导。

——山东省日照市金海岸小学负责人

八、可复制性：新教育实验获推荐度高，值得借鉴推广

新教育实验在一定程度上提高了学生对课程的兴趣，提升了其课堂表现，促使其形成了较好的学习习惯，这无疑是对"授予学生一生有益的东西"以及"培养完整的人"的注解，孩子的成长也让家长看到了新教育实验的巨大作用。

本次评估分析了受访者在参与新教育实验之前的期待与其目前感知到的实际效果之间的差异。数据显示，83.4%的教师和78.7%的家长表示新教育实验的实际效果超出他们的期待，表示低于预期的均未超过5.5%。整体来看，新教育实验给参与者带来的积极成效是显著的。

图 18 参与新教育实验后的收获与期待情况（%）

从各实验区教师参与新教育实验后的收获与期待评分来看，十个实验区的受访教师整体评价得分为 84.92 分，处

于良好水平。其中江苏新沂实验区得分（96.9分）最高，表现突出；其次是浙江萧山实验区（90.9分）和江苏姜堰实验区（90.2分）；江苏海门实验区和甘肃兰州榆中实验区得分（78.8分和75.7分）相对较低，低于整体得分超过5分。

图19 各实验区教师参与新教育实验后的收获与期待评分（N=471）

借用商业咨询中的NPS（Net Promoter Score，净推荐值）分析法，评估教师和家长对于新教育实验的推荐情况。用0—10分量表测试受访者参与新教育实验后，会不会向其他教师或者家长推荐，表现了受访者对新教育实验的粘度以及对新教育实验传播推广的贡献度。0—6分属于贬损者，7—8分为被动者，9—10分表示对新教育体验较好，愿意为新教育实验做口碑传播，属于推荐者。

总体来看，受访者对新教育实验的净推荐值（推荐者百分比－贬损者百分比）较高，教师的净推荐值为 43.74%，家长的净推荐值为 35.43%，表明新教育实验的现有参与者认可度高、认同感强，这也是新教育实验在更大范围推广复制以及在更长远未来可持续发展的强大支撑。

图 20　教师对新教育实验的推荐情况（%）

图 21　家长对新教育实验的推荐情况（%）

从受访者对新教育实验的推广示范适合度来看，89.1%的教师和 85.5% 的家长表示新教育实验适合在更大的区域进行推广示范，仅有不到 3% 的受访教师和家长表示不适合。

由此可见，根据受访教师和家长的意见，新教育实验的理念与实践经验值得借鉴与推广。

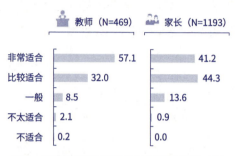

图22 教师及家长对新教育实验的推广示范评价（%）

九、持续发展：未来应注重四新——新内容、新技术、新教师、新资源

20年，对于新教育来说无疑是个重要的发展节点。作为主要通过社会组织来发起推动的教育变革，过去经历了许多，现在已成就了很多，未来需要做的还有更多。调研中发现，受访教师对未来新教育发展的意见建议主要集中于教师教学能力的提升和培养，希望整合利用自有资源，开发更多的优质课程，多发挥榜样教师的力量；受访家长及学生的意见反馈较为相似，均集中于"十大行动"及新教育课程的优化方面，主要为对已有的阅读、家校合作的加强，以及对实践、综合素质、视野拓展的需求建议。

结合受访者的各方面意见反馈，未来发展中需注重对以下四个"新"的持续推动。

● 新内容开发。随着基础教育内部条件、外部环境的不断变化，新教育本身也需要不断自我革新，内容建设是其最主要的支撑，在新教育理论体系完善，新课程、新教材、新活动的研发等方面，都需要跟上脚步，且保持前瞻性。

● 新技术应用。科学技术日新月异，教育技术也在快速发展，新教育在新技术上的应用也要不断创新，尤其是面对全国150多个试验区、5000多所学校的沟通互动场景下，需要不断思考如何提高效率，确保实效。

● 新教师引入。有多位受访者提到，未来应重视提高对于年轻教师的吸引力，让他们多参与到新教育实验中来。一方面，年轻教师本身可以带来更多新的理念与实践；另一方面，年轻教师更能决定未来的教育图景。

● 新资源整合。除了新教育研究院传递给各个实验区的信息之外，还可以让不同实验区之间、不同学校之间的沟通学习机制与网络更加高效，尤其是要加强优秀教师、优秀课程、优秀经验的总结、推广，这对于其他实验区，都是可以借鉴的新资源。

我觉得它的理念始终都在不断地自我完善，很值得我们去赞赏，如果说未来的提升的话，我觉得着力点应该是资源的系统性和整合性，因为对于新加入实验的教师或者校长来说，他们看到这么庞大一个体系，可能会觉得一下子进了一个大观园，会有一种失措，这种时候我们可以把已经取得的成果给他们作为参照，另外，比如说十大行动当中的"构筑理想课堂"，我觉得可以和新课程改革结合得更加紧密一些。

——中国教育学会家庭教育专业委员会专家

新教育团队与学校有更多的对接，提供专业支撑，随着时代的发展，需要思考如何让更多的年轻教师投入到新教育实验当中。

——河北省石家庄市桥西区实验小学负责人

新教育研究院经过这么多年的发展，积累了很多优质的资源，比如榜样教师的优质资源，可以利用这些资源与实验学校一起开发一些优质课程。比如阅读，还有课程建设，希望应用最新的技术把新教育的资源平台建设得更好，使这个平台上的老师、学生和家长能够不断自主学习。

新教育未来如何从技术层面和可操作层面紧扣时代发展也是需要考虑的问题。疫情期间，大部分课程转到线上教学，从某种程度上来讲，这加速了教育的变革，促使学习方式、教学方式等快速实现新的变化，也促使新教育在整个教育发生加速变革的情况下，思考未来如何从技术层面和可操作层面紧扣时代发展。

——山东省日照市金海岸小学负责人

参考意见建议

项目组对文本题进行了结构化处理,各类受访者意见建议汇总分析如下:

一、强化师资力量,搭建交流平台

教师是新教育实验的主要实施者,强大的师资力量是快速稳健推进新教育实验实施的有力保障;同时,新教育实验也对教师提出了新需求,应该充分发挥榜样教师的引领示范作用,全面提高新教师的素质水平。

从教师对师资力量方面提及较多的意见来看,46.15% 和 30.77% 的受访教师对于优化改善培训模式、提升教师专业素质能力的需求更高,希望提供更多的培训机会,多开展开放周、教学研讨等相关活动;少量受访教师反馈期望整合优质教学资源,搭建技术交流平台,采用线上线下相结合的方式,推进优质资源共享共建,以更好地实现因材施教。

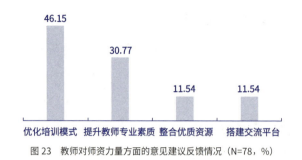

图 23 教师对师资力量方面的意见建议反馈情况（N=78，%）

1. 重点优化培训模式

本次调研中，教师对于新教育培训模式提出了较多需求，在培训内容上，建议调整新教育理念宣讲课程及实操性课程的安排占比，增加和拓展培训课程，不断优化和创新培训模式，全面提升教师的综合素质；在培训形式上，可多开展线下经验交流、教学研讨活动，并逐步将培训课程进行系统化、规范化，形成一套系统性强、可操作性强的培训体系。

2. 优质资源共享共建

新教育发展至今，已经积累了大量的优质教学资源，实现优质资源共享共建也成为新教育实验教师的共同期待。在教师资源方面，可以加强新教育合作单位间的优质教师轮换，充分发挥团队作用，开发教学资源，相互共享。另外也可增加榜样教师数量，多开展交流活动，让新教育实验教师快速成长。在平台资源方面，要搭建技术交流平台，汇集各学校优质教学资源进行共享,推广优质课程,便于不同实验学校之间的交流学习。

二、融合传统教育,优化教学课程

从教师及家长对优化教学课程方面的意见来看,家长对提升学生实践能力、开发优质新课程提出的意见占比较高,分别为 31.5% 和 28.2%;教师对加强学生文化教育和提升学生实践能力两方面提出的意见占比较高,分别为 40% 和 20%。

具体来看,教师和家长都比较期望教学内容中增加更多提升实践能力、文化水平及心理素养的活动;教师更偏重于文化教育课程与传统教育的融合,新课程的开发以及质量的提升;家长更偏重于增加实践课程,提升学生实践能力。

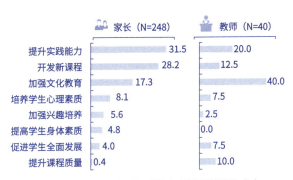

图 24 教师及家长对教学课程的意见建议反馈情况(%)

1. 新课程开发与创新

本次调查中,家长对于提升学生综合素养提出了更多需求,可从新课程开发入手,拓展学生视野,如科普类课程,可讲授自然科学、社会科学、安全法规等多领域知识要点;也可结合社会时事热点开展研讨活动;心理辅导课程,讲授心理学知识,并帮助学生疏导心理问题,提升学生的心理素质;团队实践课程,着重锻炼学生动手、待人接物能力的同时培养学生在团队中的自律性和责任感,提升综合素养。

2. 做好新教育与传统教育的融合

当前新教育实验的实施正处于完善期,此阶段需做好在学生的培养方式、培养内容等方面与传统教育的融合工作。本次调研中,受访者对于新教育课程的培养方式提出了更加系统化、规范化的要求,一是希望与传统教学内容相结合,不增加学习总量,调整传统学科学习、新教育课程学习的安排占比;二是协调统一新教育课程与传统教育考试内容,可通过调整新教育课程开展形式、内容,使其更贴合考试内容,或调整考核标准与方式,将新教育相对于传统教学增加的部分内容纳入考核范畴中,再对考试内容的占比进行合理调整。

三、畅通交流渠道,推动家校合作

本次调研中,多数受访家长对新教育教学模式提出了较多意见，主要反映在家校合作方面，如多开展家校合作活动，加强家校互动交流，组织家长参与新教育培训等，便于增进家长对学校工作的了解，提高家庭教育质量。

图25　家长对教学模式的意见建议反馈情况（N=57，%）

1. 畅通交流渠道

家校之间坦率而又真诚的交流，充分而又对称的信息分享，经常性的联系，是良好的家校合作关系的基础。多数受访者提到家校合作活动中除了提倡家校阅读，多开展文化活动外，可再增加一些寓教于乐的休闲体育活动，引发孩子的学习兴趣。另外，有部分家长提到增加家校互动交流，可结合实际多开展亲子拓展活动，最大限度地让孩子自然融入，从而提升孩子的兴趣，让每个孩子都体验到教育的快乐。

2. 继续推动家校合作共育

疫情影响下，"线上学习"成为孩子们获取学业知识的主要途径，课堂从线下搬到线上，教学模式的改变对学校、学生和家长提出了新的挑战，同时也让人们看到互联网技术对教育行业造成的变革性冲击,这也是家校合作实现教育创新的新契机,新教育也可以"线上 + 线下"方式架起家校沟通平台,继续探索家校沟通零距离的互通模式,进一步形成家校合力,打造家校联合共同体。

四、积极宣传调动,扩大实验范围

从教师及家长对新教育实验宣传推广方面的意见反馈来看,主要集中在推广方式、推广群体、推广范围和推广力度四个方面。其中教师主要建议改进推广方式、扩大推广群体,希望新教育实验在各区域推广时要因地制宜、不流于形式,并让更多的教师、家长参与其中;家长主要建议加大推广力度,让更多家长了解新教育实验成果,加快落实常态化新教育,让更多学生从中受益。

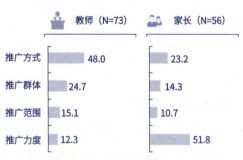

图26 教师及家长对宣传推广的意见建议反馈情况(%)

1. 积极宣传新教育理念，提升教师、家长、学生的参与度

有 48% 的教师和 23.2% 的家长对新教育实验的推广方式提出了更高的要求。在教师方面，建议适当调节教师的行政事务负担或给予优秀示范教师表彰，从而调动教师积极性，引导更多教师参与；在家长方面，建议广泛宣传家校共育合作的活动与课程，注重新教育实验的理念、成果宣传，开展针对家长的培训、宣讲活动以吸引更多对孩子教育需求与新教育诉求符合度较高的家长；在学生方面，建议在课程设计上提升趣味性、开放性，更好地调动学生的兴趣，给予学生更多的自主性空间，在提高学生参与度的同时激发学生的创新思维、独立性。

2. 加大新教育实验推广力度，适当扩增实验学校

本次调研中超过五成的家长反馈，希望加大新教育的推广力度，可以联合地方行政教育部门共同推动，并适当增加新教育实验的实施经费；扩大实验区域范畴，把城乡接合部及农村区域的学校也纳入实验范畴中，并选取乡村基层、规模小的学校作为实验学校，以确保新教育的普适性。

（项目承接：上海零点市场调查有限公司；项目编号：CSR200021；项目指导：黄勇；研究经理：刘晓琳；项目经

理：李国玲、何其多；项目助理：徐俊仪、符厶爽、刘城宾；项目督导：严慧敏；报告撰写：李国玲、何其多、符厶爽、刘城宾；数据分析：方乾燕；报告时间：2021年1月。选入本书时有删节。）

附录三
新教育实验发展大事记

1999 年

9月,朱永新走进江苏武进湖塘桥中心小学,提出新教育实验的部分观点。湖塘桥中心小学开始实践探索新教育理念与课程。

2000 年

11月,朱永新《我的教育理想》出版,初步提出新教育实验的主张。

12月,朱永新主编《中华经典诵读本》《英文名篇诵读本》,由苏州大学出版社出版,提出新教育晨诵理念。

2001 年

6月,在常州湖塘桥中心小学以及苏州吴江金家坝小学、屯村中心小学等乡村学校调研。

2002 年

6月18日,朱永新等创办的"教育在线"(www.eduol.cn)网站开通。李镇西任总版主。网站后来成为新教育实验的网络平台。

10月,朱永新《新教育之梦》由人民教育出版社出版,"新教育实验"的构想基本形成。

10月9日,"教育在线"网站的新教育实验论坛成立,论坛主持人为储昌楼、张菊荣。

10月28日,昆山玉峰实验学校成为第一所"新教育实验"挂牌学校。朱永新为玉峰实验学校《七彩园——"新教育实验"学生日记选》作序。

12月19日,昆山玉峰学校举行新教育实验沙龙。

12月23日,《人民政协报》开辟"教育在线周刊"专刊。

12月29日,朱永新参加苏州吴江金家坝、同里二小等第二批新教育实验学校授牌仪式。

2003 年

2月27日，在"阅读，让我们亲近书籍"座谈会上，朱永新决定在实验学校开展"营造书香校园"活动。

3月27日，朱永新到吴江市实验小学做"呼唤上天入地的教育科研"讲座，提出新教育实验的定位，从营造书香校园、师生共写日记、抓校外讲座、引导学生讲一口流利的英文与中文、抓计算机教学、注重个性化的教育、从理想教育入手等七个方面介绍如何开展新教育实验。

4月2日，朱永新在海门为江苏省弘謇杯新世纪园丁教育教学论文大赛作"新教育实验与新课程改革"讲演，首次全面阐述"新教育实验"的理论内核。

5月23日，江苏姜堰市教育局教研室正式参加新教育实验。新教育实验成立以六大行动为核心的分项专业组。

5月，新教育实验首次发布《关于加入"新教育实验"的具体方法与要求》。江苏《新教育周刊》推出"共圆新教育之梦"，开设"新教育实验"固定专题栏目。

6月3日，新教育实验总课题组发出《关于加强新教育实验学校通联工作的通知》，要求各实验学校加强沟通与联络，及时了解实验情况，做好实验工作的整体协调。

7月，"教育在线"网站"义务支教西部行"活动拉开帷幕，支教队伍兵分两路，分别在云南安宁与贵州遵义传播新教育理想。

7月21—23日，新教育实验首届研讨会在昆山玉峰实验学校召开，近500位来自全国各地的一线教师参加盛会。全国第一批新教育实验学校正式挂牌。

9月13日，朱永新应邀到天津市作关于新教育的报告，《天津教育报》《天津日报》连续用整版的篇幅宣传新教育实验。

11月9—10日，朱永新主持的第三届21世纪教育沙龙在苏州市会议中心举行，活动主题为"营造书香校园"。同时发表《全民族阅读宣言》，分别推出了针对小学生、中学生、大学生和教师的"推荐书目100本"。

11月10日，数码社区项目组发布《新教育实验"数字化学习"行动计划（草案）》。

11月28日，朱永新参加由万里国际学校教师自发组织的"新教育实验与教师专业成长"沙龙活动。

11月30日，朱永新、储昌楼在江苏南通如东县为全县1000多名教师、校长以及来自全省30多个县市和学校的代表做"新教育实验的理论与实践"讲座。

12月10日，朱永新在郑州中小学校长高级论坛上做新教育实验的实践与推广专题报告。

12月22日，朱永新主持的"新教育理论的实践及推广研究"课题被列为全国教育科学"十五"规划重点课题。

12月28日，朱永新应盐城教育局、教科所邀请，在盐城市第一小学作"新教育实验与教师的成长"专题讲座。

2004年

1月3日，新教育实验建设数码社区项目组第一次工作会议在昆山举行。

2月20日，《中国教育报》发表报道《朱永新和他的"新教育实验"》。

3月28日，由新教育实验课题组与江苏《莫愁》杂志社联合主办的全国首家莫愁新父母学校在苏州工业园区娄葑第二中心小学成立。《新华日报》《服务导报》《扬子晚报》《苏州日报》先后对全国首家莫愁新父母学校的成立进行了报道。

4月11—12日，全国教育科学"十五"规划重点课题"新教育理论的实践推广研究"开题会暨新教育实验第二届研讨会在江苏省张家港市举行。来自全国各地的新教育实验学校代表、教育教学研究人员、新闻单位记者等近600人参加会议。

4月24日，新教育实验总课题组在昆山玉峰实验学校举行会议。

4月,《人民教育》第7期以《教育随笔:改变教师的行走方式》为题报道新教育实验。

4月,《南风窗》以《新希望工程》为题全面报道新教育实验,将其定位为以"人的教育"为旨要的"新希望工程"。

5月9日,"新教育新理念学术报告会"在苏州大学举办。

5月13日,《人民日报》华东新闻第三版以《新教育实验:塑造理想的人》为题,对新教育实验主持人朱永新进行专访。

5月21日,吴江市陶行知研究会召开全市11所挂牌的"新教育实验学校"交流会议。

5月30日,上海《新民晚报》以《"新教育实验"能走多远?》为题专门报道新教育实验。

6月6日,教育在线举行新教育实验学校校长网上会议。

6月8日、9日、11日,上海《解放日报》分别以《一个网站的震荡波》《一个教育市长的奔波之旅》《一个理想和现实的争辩》为题连续刊登了关于新教育实验的系列报道。

6月21日,新教育实验总课题组在苏州市工业园区新城花园小学召开实验工作协调会议。石家庄市桥西区的邓小梅副区长、教育局长和部分学校的校长列席会议。

6月27日,中央电视台第12频道就新教育实验问题对朱永新、李镇西进行专门访谈。

7月28日,新教育实验电子简报第1期发布。

7月31日—8月1日,第三届新教育实验研讨会在江苏省扬州市宝应县召开。

8月,《朱永新教育文集》(十卷本)由人民教育出版社出版。

8月中旬,第二届教育在线西部支教活动在陕西延安、定边和宁夏中宁、石嘴山举行。

9月,石家庄桥西区正式成为"新教育实验区",整体推动新教育实验。

9月18日,第二家莫愁新父母学校在南京师范大学附属中学成立,江苏省委副书记冯敏刚、课题组总负责人朱永新、南京市副市长许慧玲、省妇联主席柏志英、副主席季俊秋等出席成立大会。

10月6日,江苏昆山玉峰实验学校新教育实验工作室落成。

11月14日,朱永新在灌云县城伊山镇新村小学礼堂为全县中小学校长、骨干教师及周边县区的部分教师代表共700余人作了题为《新教育实验与学校发展》的报告并参加"新教育实验学术沙龙"活动。

11月17、18、19日,《重庆日报》在头版连载报道新教育实验。

12月，江苏省常熟市特殊教育学校加入新教育实验，新教育实验向特教领域辐射。

12月12日，美籍华人、诺贝尔物理学奖获得者李政道教授为"新教育实验工作室"题词。

12月16日，朱永新在湖州职业技术学院为湖州市的教育行政领导和部分中小学校长作关于新教育实验的报告。

12月20日，教育在线"随笔世界"平台获全国中小学教育主题网站一等奖。

12月22日，由江苏《莫愁》杂志社、江都市国际学校和新教育实验课题组联合举办的扬州市首家、全国第三家"莫愁新父母学校"成立。

12月28日，"新教育实验构筑理想课堂教学研讨会"在苏州工业园区第二实验小学召开。

2005年

1月15日，全国300余位新教育实验者和关注者云集苏州市沙洲小学，参加由新教育实验总课题组主办、《苏州教育研究》编辑部、沙洲小学承办的"构筑理想课堂"论坛。

1月，朱永新主编的"新教育文库"之第一辑"我的教育故事丛书"5本，由福建教育出版社出版发行。丛书记录了几位新教育理想者和践行者在新教育实验中的心路历程。

2月20日，新教育实验总课题组在苏州工业园区第三中学会议室召开工作会议。

3月9日，"教育在线"网站发出《关于进一步规范新教育实验交流区论坛管理的通知》。

4月8—10日，新教育实验总课题组在江苏省姜堰市召开了"建设数码社区"研讨会。

4月15—17日，新教育实验总课题组在江苏镇江召开第一届"营造书香校园"研讨会。来自北京、陕西、山西、安徽、江苏、吉林、浙江、山东、湖南、广东、河南等十多个省市100多所中小学的200多名实验教师参加会议。

4月17日，朱永新在山东省学校文化建设现场研讨会议上为近千名中小学校长作题为《新教育实验的理论与实践》的报告。

4月23日，《中国教育报》揭晓2004年度首届"推动读书十大人物"，窦桂梅等新教育人入围。

4月27日，新教育实验总课题组在昆山裕元实验小学召开2005年度新教育实验第二次工作会议。

4月30日，朱永新参加连云港东海高级中学"新父母学校"成立大会，为400名父母与教师代表作新教育实验与家庭教育的报告。

5月1—2日，朱永新、袁卫星在包头市为内蒙古自治区

1000余名教师作新教育实验报告。

5月15日,朱永新在河南省郑州市作《新德育——新教育实验的德育探索》的报告。

5月18日,新教育实验总课题组发布《构筑理想课堂"互助研究共同体"纲领》。

5月24—25日,朱永新应邀为厦门湖里区800余名教师、校长作关于新教育实验的报告。《厦门晚报》连续用整版的篇幅宣传新教育实验。

6月2日,浙江平湖实验区召开新教育实验启动大会。

6月3—4日,由新教育实验总课题组、《江苏教育》、《新教育》(筹)编辑部主办,常熟市实验小学承办的"新教育实验的实践与反思暨'构筑理想课堂'主题沙龙活动"在常熟市实验小学隆重举行。

6月10—11日,"新教育实验"和"生命化教育"学术研讨会在福州仓山小学举行。

6月,江苏无锡灵山集团资助十所"新教育实验学校",为每校配备"营造书香校园项目"学生图书100本、教师图书100本和"建构数码社区项目"专用电脑一台及相关软件。

7月12—14日,以"新德育"为主题的第四届新教育实验研讨会在四川成都召开。

7月中旬,第三届教育在线西部支教活动在四川遂宁、重庆永川开展。

8月15日，中国教育电视台播出新教育实验专题节目《激情与梦想》。

8月22日，香港凤凰卫视播出《朱永新的教育梦想》。

10月22日，新教育实验总课题组"构筑理想课堂"项目组在常州实验小学举行共同体活动。

10月26日，中央电视台新闻频道"央视论坛"以"新教育实验与素质教育"为主题与朱永新教授和中央教科所朱小蔓所长进行专题对话。

10月28日，"新教育理论的实践及推广研究"总课题组发出《关于组织开展"新教育实验与素质教育"大讨论的通知》。

11月6日，新教育实验秘书处在昆山玉峰实验学校正式挂牌成立。储昌楼任秘书长，张荣伟、许新海、袁卫星、王胜、周建华任副秘书长。

11月16日，教育部副部长陈小娅等考察昆山玉峰实验学校新教育实验。

12月24—25日，以"教师专业化成长"为主题的第五届新教育实验研讨会在吉林市第一实验小学召开。

2006 年

1月12日，《江南时报》以《博士后市长与他的"新教育"实验》为题报道新教育实验。

1月14日，新教育实验项目组在苏州工业园区第二实验小学召开2006年度第一次新教育实验项目组负责人会议。

2月9日，魏智渊加盟新教育，成为第一位新教育专业人员。

2月11日，"新教育理论的实践及推广研究"总课题组发出《关于开展实验成果展示活动准备工作的通知》与《关于加强2006年学校新教育实验工作的建议》。

2月13日，华南师范大学黄甫全发表网文《必须警惕当代教育研究中的"浮夸"风气》，质疑新教育实验。

2月，浙江杭州萧山区成立新教育实验区。

3月7日，朱永新做客搜狐网，谈"新教育实验——六大行动推动教师成长"。

3月9日，朱永新在北京八中作题为《新教育实验——素质教育的实践探索》的报告。

3月20日，浙江省嘉兴市秀洲区成立新教育实验区。

4月1—2日，龙川之春——全国首届"新教育实验与理想家庭建设——'莫愁新父母学校'学术研讨会"在江苏省江都市国际学校召开。

4月16日，朱永新在北京四中作题为《新教育实验与素质教育》的报告，在顺义区为全区骨干校长与教师作题为《新教育实验与教师成长》的讲演。

4月23日，上海卫视《今日的中国》栏目播出新教育节目《他要改变中国的教育》。江苏昆山市新教育实验区正式成立。

4月23日,《中国教育报》揭晓2005年度"推动读书十大人物",新教育实验发起人朱永新入围。

5月3日,新教育实验项目组会议在上海召开,讨论新教育实验的"十五"发展规划,决定成立新教育研究中心,干国祥、马玲等参加新教育团队。

5月18日,新教育实验总课题组秘书处发出《关于组建新教育实验"6+1"行动项目核心组的通知》。

7月13—15日,第六届新教育实验研讨会在清华大学礼堂召开。会议提出了新教育的重要理念"过一种幸福完整的教育生活"。清华大学附属小学、中关村第一小学、六一中学承办会议。

7月14日,新教育实验媒体答谢会暨新闻发布会在北京人民政协报社大厦多功能厅举行。

8月11—17日,新教育首届"毛虫与蝴蝶"——儿童阶梯性阅读专题研修班在苏州召开。

8—9月,"灵山－新教育"贵州行公益项目正式启动,新教育研究中心对贵州湄潭、凤冈两县数百名教师进行了专业培训,并深入山村学校开展了为期一个月的田野研究与支教活动。

9月19日,日本学习院大学、宫琦大学等院校的教授来昆山玉峰实验学校考察新教育实验。

10月13日，中国教育学会第十九次年会代表考察昆山玉峰实验学校新教育实验。

10月16日，朱永新在苏州新区阳山实验学校参加苏州市中小学"营造书香校园经验交流会"。

11月3—4日，昆山新教育实验区组织40余名新教育实验学校的实验负责人与实验骨干赴江苏南通海门实验区考察学习。

11月11日，第一届新教育实验区工作会议在浙江嘉兴秀洲区举行。

11月13日，朱永新提出在新教育实验学校推行"每月一事"的实验。

11月24日，朱永新应上海教育科学研究院邀请作题为《新教育实验的理论与实践》的讲演。

12月25日，《光明日报》发表《"新教育实验"四年覆盖24个地区 其魅力何在？》。

2007年

1月1日，新教育实验团队在苏州教育局举办元旦论坛。

1月11日，《中国教师报》发表新教育实验专题报道《总得有人去擦星星》。

1月16日,"教育在线"举行第一期新教育网络沙龙"晨诵、午读、暮省——新教育儿童生活方式"。

1月22日,台湾忠信学校新教育实验考察团参观昆山玉峰实验学校和新教育实验陈列室。

1月23日,"教育在线"举行第二期新教育网络沙龙"新教育教师专业发展模式:专业阅读+专业写作+专业发展共同体"。

1月25日,"教育在线"举行第三期新教育网络沙龙"新教育 新生活 新生命"。

2月1日,《南风窗》发表章敬平的报道《新教育实验再出发》。

2月7日,"教育在线"举行第四期新教育网络沙龙"博客与教师专业发展"。

2月13日,"教育在线"举行第五期新教育网络沙龙"新生命教育"。

2月15日,《浙江日报》发表《新教育实验:为了和谐发展的人》,报道嘉兴秀洲新教育。

2月20日,"教育在线"举行第六期新教育网络沙龙"建设性批评新教育"。

3月1日,朱永新做客人民网,谈"新教育实验——过一种幸福完整的教育生活"。2007年的《中国教育蓝皮书》收录专文《新教育:过一种幸福完整的教育生活》。

3月13日,"教育在线"举行新教育网络沙龙"新教育研究中心的2007"。内蒙古鄂尔多斯市教育代表团到昆山玉峰实验学校考察新教育实验。

3月15日—4月15日,灵山新教育基金会、新教育研究中心、湖塘桥中心小学联合组织2007年"灵山—新教育"贵州行。威海市新教育实验启动会议召开。

3月21日,华东师范大学出版社出版朱永新著作《写在新教育的边上》。

3月24日,江苏灌南举行新教育实验区揭牌仪式,朱永新参加并作新教育实验专题报告。

4月9日,"灵山—新教育'移动图书馆绥阳秦政站成立。

4月21—22日,新教育教师"三专"发展研讨会在苏州举行。

4月23日,《中国教育报》揭晓2006年度"推动读书十大人物",多位新教育人入围。

4月30—5月7日,2007"慈济—新教育"两岸书香交流研习活动在苏州举行。慈济捐赠200万册儿童图书给边远地区和打工子弟学校。

5月4日,"教育在线"特教论坛在郑州举办"灵山—新教育特教新视野论坛"。

5月31日,教育部基础教育司来函,将新教育实验的材料收入《新时期素质教育案例选编》一书。

7月12日,由朱永新、吴国平主编,赵一平、朱寅年、魏智渊执行主编的《一次梦想的远征:"灵山—新教育"贵州支教(2006—2007)》由四川出版集团天地出版社出版。

7月14—16日,以"共读、共写、共同生活"为主题的新教育实验第七届研讨会在山西运城举行。

7月28日,苏州市新教育研究院第一次联席会议在宝应召开。

8月—2008年4月,新教育分别在甘肃宕昌县、山西绛县、浙江苍南县、江苏灌南县、浙江杭州萧山区进行新教育公益培训和通识培训。

9月,新教育小学在翔宇教育集团宝应实验小学成立。

9月29日,在浙江省杭州市萧山区召开第二届新教育实验区工作会议。

11月24日,江苏省教育学会新教育实验研究专业委员会在江苏海门成立,朱永新作题为《新教育精神》的讲演,提出了新教育的四个精神:追寻理想的执着精神、深入现场的田野精神、共同生活的合作精神、悲天悯人的公益精神。

2008年

4月17—19日,苏州市新教育研究院在贵州凤冈县召开新教育实验现场会暨新教育公益西部论坛。贵州凤冈新教育实验区成立。

4月23日,《中国教育报》揭晓2007年度"推动读书十大人物",姚晓静等新教育人入围。

5月—7月,新教育团队参与汶川大地震灾后教育重建,在八一帐篷学校开设为灾后儿童特别研制的儿童课程。

7月11—13日,以"构筑理想课堂"为主题的新教育实验第八届研讨会在浙江苍南举行,大会发布年度主报告《知识、生活与生命的深刻共鸣》。四川北川县、河南焦作市成为新教育实验区。

7月27—28日,"新教育西部支教行"赴内蒙古鄂尔多斯东胜区。

9月20—22日,苏州市新教育研究院研究中心在北川培训小学语文骨干教师和校级青年骨干教师。

10月13—16日,新教育小学(翔宇教育集团宝应实验小学)举行新教育开放周。

10月30日—11月1日,江苏教育学会新教育研究专业委员会在灌南举行第二届"儿童阶梯阅读"项目联盟论坛活动。

12月10日,日本东方书店出版《沸腾的中国教育改革》,专章介绍新教育实验。

12月13—15日,苏州市新教育研究院研究中心在河南焦作召开主题为"冬天里的童话"的新教育实验深度研讨会。

12月17—18日，新教育研究中心团队在山西绛县进行新教育培训。

12月，朱永新主持的"新教育实验与素质教育行动策略的研究"课题被列为全国教育科学"十一五"规划重点课题。

2009 年

1月1日，新教育联席会议在苏州东吴饭店举行。

1月5日，由出版商务周报社、中发协非国有书业工作委员会联合主办的"2009民营书业发展年会暨新华文轩杯2008第三届民营书业评选颁奖典礼"在北京举行。苏州市新教育研究院荣获年度"阅读推广奖"。

2月20日，中国教育电视台《教育人生》栏目以"朱永新——理想教育的践行人"为题专题报道新教育实验。

3月14—28日，新教育研究中心赴江苏南通海门实验区进行新教育培训。

3月15—18日，应韩国政府21世纪智慧韩国工程（Brain Korea 21）项目邀请，朱永新在韩国全北大学作《新教育——过一种幸福完整的教育生活》的专题讲演。

4月13—17日，新教育小学（翔宇教育集团宝应实验小学）举办新教育实验全国开放周活动。

4月16日，苏州市新教育研究院在宝应县召开2009年第二次联席会议。

4月23日，《中国教育报》揭晓2008年度"推动读书十大人物"，管建刚、常丽华等新教育人入围。

4月28—29日，江苏教育学会新教育研究专业委员会理事长许新海一行到石家庄桥西区新教育实验区调研。

5月9日—17日，苏州市新教育研究院前往北川进行"灵山—北川新教育行"公益培训活动。

5月12日，朱永新为淄博市临淄区教师培训"新教育"。

5月20日，朱永新考察山西绛县新教育实验。

5月28日，朱永新应邀出席广西柳州市教师阅读年颁奖仪式，并作《改变，从阅读开始》专题报告。

5月30—31日，苏州市新教育研究院院长卢志文在北京参加首届"中国—印度论坛"研讨会，就"新教育在中国"向与会国内外嘉宾介绍了新教育实验。

6月9日，在南京江苏饭店，南京金陵学院新传媒系和苏州市新教育研究院办公室、研究中心就教育在线改版举行了协调会议。

6月12日，朱永新考察石家庄市桥西区新教育实验。

6月21—22日，卢志文调研石家庄桥西区新教育实验开展情况。

7月10—12日,以"教师专业发展"为主题的第九届新教育实验研讨会在江苏海门召开。大会发布年度主报告《书写教师的生命传奇》。

7月,《构筑理想课堂》《构筑合宜的大脑》《手心里的光》《农历的天空下》《培养一生有用的十二个好习惯》等新教育实验操作手册正式出版。《新教育年鉴(2007—2008年)》出版。朱永新《新教育》出版。

7月23—24日,"教育在线"暑期西部义务支教行赴贵州凤冈开展公益活动。

8月9—11日,"灵山—新教育"第二届特教新视野网络论坛在大连市残疾人职业技能培训中心举行。

9月1日,新教育实验网络师范学院正式开学。

9月18日,朱永新、卢志文分别在"海峡两岸基础教育论坛"作《前行、攀升与飞翔,教师专业发展的初论》《校长视野下的教师专业发展》演讲。

10月10日,许新海在浙江萧山新教育实验区作《每月一事》专题报告。

10月17日,卢志文赴山西绛县考察新教育实验。

11月28—29日,在山西绛县召开了第三届新教育实验区工作会议。

12月16日,朱永新教授当选腾讯教育年度盛典"回响中国"年度致敬之风云人物。

2010 年

1月2—3日，从优秀走向卓越——2010新教育发展元旦论坛在苏州新区妇女儿童活动中心举行。新教育理事会成立，卢志文当选为理事长。

2月12日，许新海应邀在新加坡德明政府中学作《中国新教育实验》的主题报告。

2月21日，江苏省民政厅批文同意江苏昌明教育基金会（新教育基金会）成立。

3月26日，人民教育出版社举行《朱永新教育文集》（十卷本）的韩文版赠书仪式。国家图书馆、国家版本图书馆、韩国大使馆、北京大学、清华大学、中国人民大学、中央教育科学研究所等单位接受捐赠。

3月27日，江苏教育学会新教育研究专业委员会举办新教育理想课堂海门开放日活动。

4月6—23日，新教育研究中心赴贵州石门坎进行新教育实验田野研究与培训。

4月10日，焦作新教育实验展示会在中国卓越校长局长峰会上举行。

4月12日，江苏教育学会新教育研究专业委员会与江苏教育报刊社《初中生世界》编辑部联合举办初中教育论坛，观摩海门初中"每月一事"及"德育特色"项目建设现场。

4月15日，卢志文在第一届中国乡村图书馆建设与阅读推广研讨会上作题为《书香校园的模式与实践》的报告。

4月16—19日，新教育研究中心赴内蒙古鄂尔多斯东胜区进行新教育田野研究与培训。

4月21—22日，苏州市新教育研究院研究中心赴平湖指导新教育实验。

4月23日，中国教育报揭晓2009年度"推动读书十大人物"，多名新教育人入围。

7月9—12日，以"学校文化"为主题的新教育实验第十届研讨会在石家庄市桥西区举行。大会发布年度主报告《文化，为学校立魂》。

8月22日，卢志文为重庆市长寿区作题为《新趋势、新挑战、新教育》的专题报告。

9月8日，"新教育儿童写作课程"在教育在线设立论坛。

9月12日，中央电视台二套《对话》栏目播出新教育专题《开启快乐教室》。

9月26—30日，内蒙古鄂尔多斯东胜区举办全国"新教育实验"开放周。

11月25—28日，第四届新教育实验区工作会议暨开放周活动在河南焦作举行。

12月17—18日,乐清市新教育实验通识培训会分别在乐清国际外国语学校和育英学校举行。

2011年

1月2日,新教育元旦论坛在中国人民大学国际学院(苏州)召开。

1月16日,新教育基金会启业仪式暨慈善晚宴在上海隆重举行,共募集善款130.68万元。

3月27日,中央电视台《大家看法·我建议》栏目播出"小学生基础阅读书目"专题节目。

4月21日,新阅读研究所研制的"中国小学生基础阅读书目"在国家图书馆正式发布。

4月22—24日,朱永新、卢志文受邀参加"灵山慈善·第三届春晖青年公益发展论坛"活动。

4月23日,《中国教育报》揭晓2010年度"推动读书十大人物",许新海、张硕果、李庆明等新教育人入围。

5月3日,昆山实验区举办"理想德育——每月一事"全国开放日。

6月,《朱永新教育作品》(16卷)由中国人民大学出版社出版发行。

7月8—11日,以"在教育的田野上"为主题的首届新教育实验国际论坛在江苏常州武进实验区湖塘桥中心小学举行。

8月16日,2011年夏季新教育首批讲师团研讨会暨莱芜市新教育培训会议举行。新教育讲师团成立。

9月17日,以"活出中国文化的根本精神"为主题的新教育实验第十一届研讨会在内蒙古鄂尔多斯东胜区举行。大会发布年度主报告《以人弘道,活出中国文化的根本精神》。

9月21—23日,朱永新、卢志文分别为当代教育家沙龙·2011年会作新教育实验专题报告和学术叙事。

9月25日,朱永新为山东胜利教育管理中心作"新教育实验的理论与实践"报告。

10月14—15日,"新课堂 新教育"高峰论坛在北京举行。

11月5—6日,第五届"二十一世纪中国儿童阅读推广人"论坛暨阅读嘉年华活动在深圳中央教科所南山附属学校举行,李庆明和朱永新就"教育幸福"话题展开对话。

11月14日,"书香凤冈"新教育基金会捐赠启动仪式在凤冈县龙泉三小举行。

11月19—21日,新教育"晨诵、午读、暮省——一种回归朴素的儿童生活方式"专题培训活动在河南焦作举行。

11月25日，中国教育学会"十二五"教育科研重点课题"新教育实验促进师生发展的行动研究"在江苏海门举办开题论证会。

11月25—26日，全国新教育实验海门开放周"缔造完美教室，书写生命传奇"暨完美教室专题研讨会在江苏海门实验区召开。

12月15—16日，绛县新教育实验区举行第四届开放周活动。

12月22日，朱永新在石家庄长安区政府礼堂作《过一种幸福完整的教育生活》主题报告。

2012年

1月2日，新教育元旦发展论坛、新教育第二届理事会第七次会议在苏州工业园区职业技术学院举行。

1月7日，在中国书业年度评选颁奖典礼上，新阅读研究所获2011年度阅读推广机构大奖。

1月10日，《朱永新教育作品》（16卷）新书发布会在中国人民大学举行。

1月17日，朱永新《给中国教育的100条建议》入选2011年度"大众喜爱的50种图书"。

2月4日，朱永新在北京龙泉寺作题为"过一种幸福完整的教育生活"的讲座。

2月24日，苏州市新教育研究院与北京市朝阳区教育委员会合作办学签约仪式在北京举行。日照实验区《新教育实验让日照孩子"幸福学习"》被评为日照市2011年度十大民生新闻。

2月25日，广西南宁成为全国第35个新教育实验区。

2月，《校长》杂志2012年第2期推出"新教育十二年"专辑。

4月8—10日，2012年新教育实验石家庄桥西区开放周活动举行。

4月23日，《中国教育报》揭晓2011年度"推动读书十大人物"，陈东强等新教育人入围。

4月23日，《中国教育报·读书周刊》头版头条，以《全民阅读　大风起兮》为题对新阅读研究所的书目研制、萤火虫亲子阅读以及朱永新在阅读上的工作等进行了报道。

4月24日，"2012年川渝黔区域联盟（北川）新教育开放周活动"在北川羌族自治县永昌小学举行。

4月28日，山东省诸城市举行新教育实验启动仪式，成为新教育第36个实验区。

5月6日，首届当代教育家论坛暨佐藤学教育演讲会在上海师范大学东部礼堂举行，朱永新与日本教育家佐藤学对话。

5月7日,"新教育·新评价·新考试"高峰论坛——中美素质教育合作交流暨中国素质教育科学论坛在北京隆重举行。

5月26日,由苏州市新教育研究院新阅读研究所组织专家研制的"中国幼儿基础阅读书目"在国家图书馆正式发布。朱永新作《阅读,让孩子成为天使》的报告。

5月29日,苏州市教育局举行新教育实验座谈会。

6月15日,朱永新赴杭州萧山区调研银河实验小学新教育实验工作。

7月14—15日,以"缔造完美教室"为主题的新教育实验第十二届研讨会在山东临淄举行,大会发布年度主报告《缔造完美教室》。

9月1日,北京市新教育实验学校举行新生开学典礼。

9月28日,山东任城新教育实验区启动仪式暨专家报告会在山东济宁任城实验中学隆重举行。

10月5日,"'佛教名人'关爱教育——慈善书画作品义展"开幕式在无锡灵山梵宫举行,义捐作品140余幅给新教育基金会。

10月20—22日,以"教育的文化价值"为主题的第二届新教育国际高峰论坛在浙江宁波效实中学举行。

12月1—2日,第五届全国新教育实验区工作会议在安徽省霍邱县召开。

12月25日,卢志文赴甘肃庆阳实验区调研新教育实验工作。

2013年

3月3日,海门新教育培训中心正式启用。

3月16—17日,朱永新在第二届"新教育·新评价·新考试"高峰论坛作《让指挥棒正确指挥:推进中国"第三方教育考试与评价体系"建设》演讲。

3月21日,李镇西为江苏海门全体高中班主任作新教育实验完美教室项目培训。

4月23日,《中国教育报》揭晓2012年度"推动读书十大人物",卢化栋、童喜喜等新教育人入围。

4月27日,全国新教育实验海门开放周暨"研发卓越课程"专题研讨会在江苏省海门中学举行。

6月5日,"新教育专家报告会暨新教育萤火虫焦作分站展示活动"在焦作马村区工人村小学举行。

7月13—14日,以"研发卓越课程"为主题的新教育实验第十三届研讨会在杭州萧山举行,大会发布年度主报告《研发卓越课程》。

8月18日,全国新教育培训中心在南通海门举行揭牌仪式。

10月31日，鲁豫皖新教育联盟举办日照实验区开放周。

11月9日，以"阅读的力量"为主题的第三届新教育国际高峰论坛在四川大学附属中学举行。

11月24日，全国新教育实验海门开放周暨幼儿园"研发卓越课程"专题研讨会在海门市新教育培训中心举行。

12月13日，新教育管城实验区启动仪式暨经典绘本阅读培训在郑州市管城区五里堡小学举行。

12月17日，新教育山东滨州实验区启动仪式在滨州北镇中学举行，朱永新作题为《过一种幸福完整的教育生活》的专题报告。

12月18日，朱永新在庆阳东方红小学、实验小学、西峰区温泉齐家楼初中3所学校调研新教育实验工作，作题为《阅读的力量》的专题报告。

12月25—27日，四川金堂举办全国新教育开放周活动。

12月28日，由新教育新阅读研究所与正略咨询联合组织专家研制的"中国企业家基础阅读书目"在京正式发布。

2014年

1月1日，新教育元旦发展论坛在苏州市第一中学紫藤苑举行。

1月11日，由新阅读研究所主办的2013中国童书榜暨中国小学生基础阅读书目（修订版）发布会在国家图书馆举行。

3月9日，朱永新在全国政协十二届二次会议作题为《完善中华优秀传统文化教育刻不容缓》的大会发言。

4月12—13日，第六届全国新教育实验区工作会议在甘肃庆阳召开。

4月22日，新教育实验入围世界教育创新峰会（WISE）2014年教育项目奖15强。

4月23日，《中国教育报》揭晓2013年度"推动读书十大人物"，王志江等新教育人入围。

4月23—24日，武侯实验中学附属小学举办全国新教育实验开放周。

4月24日，新教育萧山实验区举办2014年全国开放周。

4月27日，全国新教育实验海门开放周暨"新艺术教育"专题研讨会在海门中专举行。

5月13日，中国陶行知研究会新教育分会批准设立。

5月10日，朱永新在常州武进清英外国语学校调研新教育。

5月24—27日，"遇见未知的自己"——全国首届新教育种子教师研训营在焦作举办。

5月27日，主题为"小阿力的大学校"的新教育儿童课程开放日暨儿童课程研讨活动在西安高新区第四小学举行。

5月28日，新教育萤火虫焦作工作站举行揭牌仪式。

6月11日，许新海在上海交通大学举行的"交大安泰经管学院恢复建院三十周年院庆——2014上海交大公益慈善论坛"作《新教育的公益理想》演讲。

7月1日，新教育基金会"九九归真"感恩乡师图书馆计划山西绛县第一实验小学苗沛旺图书馆正式落成。

7月11日，由苏州市新教育研究院、苏州大学教育学院共同主办的"中美艺术教育高峰论坛"在苏州大学敬贤堂举行。

7月12—13日，以"新艺术教育"为主题的第十四届新教育实验第十四届研讨会在苏州举行，大会发布年度主报告《艺术教育成人之美》。

7月26—27日，2014新教育萤火虫之夏活动在山东威海市高新区神道口小学举行。"新教育一年级专题公益研训班"在洛阳举办。

7月，"新教育文库"首批10种著作由湖北教育出版社出版。

8月30日，新教育培训中心赴滑县举行新教育专题培训活动。

8月30日，湖南益阳举办朱永新教授"新教育"益阳专题报告会。

9月2—4日，全国"新孩子乡村阅读公益行"首站活动在焦作启动。

9月18日，由新教育新阅读研究所联合北京十一学校研制的"中国中学生基础阅读书目"在京召开发布会。

10月5日，新生命教育沙龙在苏州市新教育研究院举行。

10月18日，2014青海省新教育实验理论研究高级研修班在西宁市世纪职业技术学校举行。

11月8—9日，"相约美丽日照 构筑理想课堂——2014新教育国际高峰论坛"在日照市新营小学举行。

12月14日，全国新教育实验海门开放周暨"中学构筑理想课堂"研讨会在江苏海门举行。

2015年

1月2日，苏州大学新教育研究院揭牌仪式暨新生命教育研讨会在苏州大学举行。

1月9—10日，由中国教育学会与苏州市新教育研究院联合举办的新教育实验"缔造完美教室"叙事讨论会在北京师范大学举行。

3月22日，新教育基金会（江苏昌明教育基金会）理事会暨换届大会在温州翔宇中学召开。

3月24日，青海西宁、山东青岛、河南陕县等五省五地的130余名教师在海门参加新教育实验培训。

4月13日，全国新教育实验海门开放周暨"新生命教育"研讨会在海南小学举行。

4月14日，洛阳高新区新教育开放周在洛阳理工学院举行。

4月18日，首届新教育实验学术委员会成立会议在海门市召开。

4月23日，《中国教育报》揭晓2014年度"推动读书十大人物"，陈国安、王坚等新教育人入围。

4月23—24日，以"幸福十年——与新教育共成长"为主题的新教育开放周活动在石家庄桥西区举行。

4月25—26日，新教育家校合作共建高端研讨会在北京市新教育实验学校召开。

5月21—22日，第七届新教育实验区工作会议在新疆奎屯实验区举行。

6月11日，新教育实验新生命教育叙事报告会在四川省金堂中学外国语实验学校报告厅举行。

7月10日，2015年中美新生命教育高峰论坛在四川金堂恒大酒店世博中心举行。

7月11日，以"新生命教育"为主题的新教育实验第十五届研讨会在四川金堂召开，大会发布年度主报告《拓展生命的长宽高》。

7月19日,"新教育实验"大型专题报告会在新沂市举行。

8月6—10日,2015新教育萤火虫之夏暨第二届新教育种子教师研训营在日照市五莲县实验学校举行。

11月14日,以"研发卓越课程"为主题的第五届新教育国际高峰论坛在郑州市管城区举行。

11月22日,新教育实验"每月一事"专题研讨会在江苏海门实验区举行。

12月8日,朱永新在河南洛阳高新实验区考察调研孙旗屯小学、三山小学、实验小学的新教育工作。

12月14日,全国新教育实验海门开放周暨海门市新教育研发卓越课程推进会在海门市政府会展中心举行。

12月26日,《新教育实验探索幸福完整的教育生活》创新典型案例获得第四届全国教育改革创新特别奖。

2016 年

1月2日,2016年新教育元旦论坛在苏州大学红楼会议中心举行。

1月3日,新教育第三届理事会第九次会议在江苏昆山千灯中心小学南校区举行。

1月10日,由苏州市新教育研究院新阅读研究所组织评选的 2015 中国童书榜在国家图书馆发布。

2月27日，《朱永新教育作品》英文版全球首发仪式暨"全面提高教育质量"座谈会在国家图书馆举行。朱永新作题为《教育的品质决定明天的幸福》的讲演。

3月7—17日，来自江苏新沂、山东淄博淄川区、河南三门峡开发区三地的校长、教师在海门进行为期11天的新教育跟岗培训。

4月16日，邢台县人民政府在邢台学院举行"朱永新教授新教育实验报告会暨新教育邢台县实验区启动仪式"。

4月19—20日，"全国新教育种子教师第四届集训营"活动在宜宾市人民路小学举行。

4月23日，《中国教育报》揭晓2015年度"推动读书十大人物"，汤勇等新教育人入围。

4月26日，第八届新教育实验区工作会议在湖北随县举行。

5月6—7日，"师韵武侯——教师成长与新教育实验"武侯实验区新教育全国开放周在四川大学附中初中部举行。

5月17—18日，乡村新教育专题研讨会暨全国新教育焦作开放周在焦作市举行。

5月28—29日，"新教育 新阅读 新课程"全国新教育皇姑实验区开放周暨皇姑区第二届国际儿童阅读论坛在沈阳市皇姑区举行。

5月，由新家庭教育研究中心主持的《我国家庭教育指导者专业化状况调查》研究报告完成，提交给中国教育学会和教育部。

6月14日，朱永新在宁夏新教育实验学校西夏区回民小学考察新教育实验工作。

7月9—10日，以"推进每月一事"为主题的新教育实验第十六届研讨会在山东诸城举行，大会发布年度主报告《习惯养成第二天性》。

7月10—13日，2016新教育萤火虫之夏暨全国第五届新教育种子教师研训营在山东诸城举行。

7月25日，苏州市新教育研究院新教育发展中心成立。

8月8—9日，全国"新教育的一年级"第六期专题培训班在新沂举行。

8月15日，"擦亮每个日子，呵护每个生命"新教育晨诵叙事研讨会在合肥滨湖新区举行。

9月28日，以"改变·从阅读开始"为主题的2016领读者大会在国家图书馆开幕。

9月19日，由朱永新、冯建军、袁卫星主编的《新生命教育》在北京召开新书发布会，朱小蔓、周国平、石中英等知名学者参加活动。

10月7日，"家校合作　共育新人"新教育家校合作共育研讨活动在新教育南京栖霞实验区举办。

10月10—12日，全国新教育实验海门开放研讨活动暨构筑理想课堂深度研讨会在海门实验区举行。

10月15日上午，哈尔滨依兰新教育实验区启动仪式暨培训会议在依兰县第五小学举行。

10月21日，朱永新考察姜堰新教育实验工作，并以《书写教师生命的传奇——教师成长的理论与实践》为题作专题演讲。

11月20日，以"共话未来学校"为主题的第六届新教育国际高峰论坛在温州翔宇中学举行。

12月5日，全国新教育实验海门开放周暨初中"推进每月一事"研讨会在海门实验区举行。

12月23日，全国新教育课程实践项目现场培训会在日照召开，主题为"儿童课程（晨诵课程和共读课程）的实施以及方法和策略"。

2017年

1月7—8日，新教育第四届理事会常务理事会第一次（扩大）会议在同济大学经济管理学院举行。

3月16日，全国新教育实验第十七届研讨会筹备会在栖霞实验初级中学召开。

4月15—16日,以"新北川 新生命 新教育"为主题的第九届新教育实验区工作会议在北川举行。

4月20—21日,由新家庭教育研究中心和中南教育出版传媒集团联合主办,湖南教育出版社、贝壳网联合承办的"科学,让家庭教育更有魅力"首届新家庭教育文化节在湖南长沙成功举办。

4月23日,新教育越秀实验区签约仪式在广州市第三中学举行。

4月23日,《中国教育报》揭晓2016年度"推动读书十大人物",樊青芳、高子阳、郭明晓等新教育人入围。

4月24日,全国新教育实验海门开放周暨"家校合作共育"研讨会在海门市举办。

5月8—12日,蒙古国教育代表团新教育考察培训班在江苏海门举办。

5月13日,全国新教育实验家校合作共育行动叙事第二次报告会暨海门新教育种子教师培训在海门市教育局举行。

5月25日,"相聚激情三水·共话幸福完整"2017年全国新教育实验姜堰开放活动在姜堰新教育实验区举行。

6月11—14日,新家庭教育研究中心在大连主持召开了"中美日韩四国家庭教育课题研讨会"。

7月15日,以"家校合作共育"为主题的新教育实验第十七届研讨会在南京栖霞区举办，大会发布年度主报告《家校合作激活教育磁场》。

8月6日，2017新教育萤火虫之夏暨全国第八届新教育种子教师研训营在清华附小商务中心区实验小学举行。

8月12—15日，由新教育基金会和海外中国教育基金会主办的第二届"榜样的力量"论坛暨"第五届暑期榜样教师研习营"在银川市西夏区举行。

8月27日，由苏州市新教育研究院研究中心主办的"学生领导力培养"学术研讨会在泰州实小举行。

10月，由新家庭教育研究中心主持，朱永新、孙云晓领衔主编的新父母教材《这样爱你刚刚好——我的N年级孩子》（共20本）在湖南教育出版社出版。后以西班牙语输出海外，版权输出西班牙、阿根廷、委内瑞拉等六国。

11月11—12日，全国新教育实验开放活动暨江苏省教育学会新教育实验研究专业委员会研讨会在江苏新沂举办。

11月18日，以"播下科学的种子"为主题的第七届新教育国际高峰论坛在海门市中等专业学校举行。

12月23日，新教育小学在南通海门市举行开校仪式。

2018 年

1月7日,2018年度新教育论坛在苏州大学教育学院学术报告厅举行。

1月10—12日,四川教育报刊社携苏州市新教育研究院讲师团赴广元利州区开展"精准扶贫 新年送教"主题公益活动。

1月19日,新科学教育研究所在北京成立。

1月26日,由苏州市新教育研究院新阅读研究所组织评选的第五届中国童书榜在国家图书馆发布。

4月14—15日,以"新时代 新教育 新征程"为主题的第十届新教育实验区工作会议在江苏如东召开。

4月16日,全国新教育种子教师"共享成长幸福"展示暨"教师专业发展"专题研讨会在海门中南东洲国际学校开幕。

4月21—22日,由新家庭教育研究中心和首都师范大学、中南出版传媒集团共同主办,首都师范大学家庭教育研究中心、湖南教育出版社、贝壳网、家校共育网联合承办的第二届新家庭教育文化节在长沙圆满举办。

4月23日,《中国教育报》揭晓2017年度"推动读书十大人物",郝晓东等新教育人入围。

5月14—15日，全国新教育实验理想课堂展示暨海门市实验小学第二届"江海之声"教学研讨活动在海门实验区举行。

5月24日，新艺术教育研究所正式成立。

5月28日，苏州市新教育研究院新阅读研究所举办的"中国中小学学科阅读基础书目"首次研制讨论会在人民教育出版社召开。

6月1日，朱永新赴洛阳市老城区第一小学调研新教育。

6月2日，朱永新在河南科技大学作新教育专题报告。

6月12日，内蒙古自治区巴彦淖尔市临河区新教育启动仪式暨培训会议在汇丰学校隆重举行。

6月20日，由北京市海淀区教育科学研究院、苏州市新教育研究院新阅读研究所主办的"海淀区新教育成果展示交流会"在首都师范大学附属小学召开。

6月28日，扬州市邗江区召开新教育实验动员大会。

7月14—15日，以"科学教育"为主题的新教育实验第十八届研讨会在成都市武侯区举行，大会发布年度主报告《科学之光照亮求真创新之路》。

8月10—17日，2018新教育萤火虫之夏暨全国第九届新教育种子教师研训营在山东省诸城市龙源双语学校举办。

8月15日，全国新教育实验项目培训活动在海门实验区举行。

8月25日，中国人民大学出版社与数字未来出版社在北京国际图书博览会上举行《中国新教育》法文版新书发布会。

8月26日，《光明日报》发表武汉大学原校长刘道玉的文章《朱永新：新教育实验的播火者》。

9月3日，四川旺苍县举行新教育实验区启动仪式暨新教育通识性培训。

9月28—29日，以"文学化的儿童文学课堂"为主题的"2018领读者大会暨CBBY阅读年会"在北京举行。

10月6日，朱永新《回家》新书发布会暨新艺术教育研究院与苏州高新文化集团签约仪式在苏州高新区文体中心举行。

10月13—14日，2018全国家校合作经验交流会在扬州邗江召开。

10月22—23日，全国新教育实验理想课堂展示暨东洲国际学校首届"生本学习"研讨活动于江苏海门举行。

10月28日，由新教育委托苏州大学组织研发的中国领导干部（公务员）基础阅读书目论证会在苏州大学举行。

11月9日，"让梦想开花——全国新教育实验教师叙事大会（成都专场）"在四川大学附中举行。

11月17—18日，以"人文教育"为主题的第八届新教育国际高峰论坛在福建厦门同安一中举办。

11月24日,新教育科尔沁实验区启动仪式暨培训会议在科尔沁实验区第二中学举行。

11月30日—12月1日,全国新教育实验海门开放周暨新科学教育专题研讨会在海门实验区举行。

12月2日,新教育景宁实验区启动仪式暨培训会议在浙江省景宁中学举行。

12月8日,由苏州市新教育研究院、中国少年儿童新闻出版总社等共同主办的2018教育学术交流会"教育的未来——家校合力,培养快乐读书人"在深圳召开。

12月11日,"致敬时代·赋能未来"2018网易教育金翼奖颁奖典礼在北京举行,苏州市新教育研究院荣获网易"年度教育创新团队"特别奖。

12月23日,由辽宁省教育学会新教育专业委员会、辽宁省教育学会家庭教育专业委员会、辽宁省策划学会主办的北方首届家庭教育文化节在沈阳市浑南区举行。

12月25日,《"新教育实验"的教学改革实践》荣获2018年基础教育国家级教学成果奖一等奖。

12月31日,2019年度新教育元旦论坛在苏州大学举行。苏州大学新教育写作研究中心成立。

2019 年

2月16日，新公民教育研究中心成立预备会议在北京王府井涵芬楼书店召开。

2月24日，中国人民大学附中北京经济开发区学校举行"启航新教育，引领新发展"培训活动。

2月28—3月2日，新少年国际艺术教育节辅导教师培训在江苏省海门市海南小学举行。

3月24—25日，2019年全国新教育日照开放周暨"研发卓越课程"专题研讨会在日照实验区举行。

4月12日，2019"阅读改变中国"年度颁奖典礼在江苏大剧院举行。三大奖项"年度点灯人""年度书香校园""年度阅读推广机构"最终获奖的15位个人／机构中，三分之一来自新教育团队。

4月18日，新教育研学中心在洛阳举办"一间可以长大的教室"新教育儿童课程专题培训会。

4月20—21日，第十一届新教育实验区工作会议在徐州新沂市举行。

4月27日，新家庭教育研究中心参与主办的第三届新家庭教育文化节在长沙举行，主题为"家校社共育，成就幸福童年"。

5月12日，全国新教育实验海门开放周暨"新人文教育"专题研讨会在江苏省海门中南国际学校举行。

5月18日，江苏睢宁县举行新教育实验区启动仪式暨新教育通识培训。

5月19日，新公民教育研讨会在同济大学召开。

5月25—26日，以"面向未来的学校变革"为主题的首届智慧校长领导力高峰论坛在江苏昆山举行。

5月31日—6月1日，新网师"构筑理想课堂高研班"在山西省太原市行知宏实验学校举行。

6月1日，全国新教育实验"儿童书香课程群研发"展示研讨会在海门市东洲小学举行。

7月12日，2019中美人文教育高峰论坛在姜堰新教育实验区举行。

7月13—14日，以"人文教育"为主题的新教育实验第十九届研讨会在泰州姜堰区举行，大会发布年度主报告《人文之火温暖幸福家园》。

7月13日，新教育学校管理研究所成立仪式暨学校管理机制创新研讨会在泰州鹏欣大酒店举行。

7月16—18日，第十届新教育种子教师研训营在江苏姜堰举行。

7月18—21日，2019新少年国际艺术教育节在苏州高新区文体中心举行。

7月30日,新职业教育研究院在江苏理工学院揭牌。

7月,新人文教育研究中心正式启动。

7月30日—8月2日,新教育星火教师公益培训项目第四届暑假研习班在江苏丹阳举行。

8月4—9日,全国首届未来教师成长力高峰论坛在洛阳栾川县举行。

8月17—19日,新教育"萤火虫之夏(2019)暨全国第十一届新教育种子教师峰会"在山东省诸城市龙源双语学校举行。

9月17日,江西定南县举行新教育实验区启动仪式暨通识培训活动。

9月22—23日,全国新教育实验缔造完美教室研讨会暨兰州新教育开放活动在甘肃省兰州市举行。

9月27—28日,以"儿童阅读与世界未来"为主题的"2019领读者大会"在西安举行。朱永新作《未来家校里的儿童阅读》主旨讲演。

9月28日,陕西榆林市举行新教育实验区启动仪式暨新教育实验通识培训。

10月18—20日,"新教育班主任家校共育能力提升培训班"在河北邢台举行。

10月21日,朱永新在内蒙古巴彦淖尔市临河一中、临河八小、实验二小、临河三小、临河四小、临河二小调研新教育实验工作。

10月31日，新沂新教育实验区"《家长大讲堂》百期暨家校共育研讨会"在北京青年政治学院举行。

11月3日，著名学者周国平先生应邀担任苏州市新教育研究院新生命教育研究中心名誉主任。

11月9—10日，以"新时代　新德育"为主题的第九届新教育国际高峰论坛在洛阳市伊川县召开。

11月20—23日，第五届中国教育创新成果公益博览会在珠海国际会展中心召开，新教育实验荣获SERVE大奖。

11月26—27日，新教育教师成长学院在苏州大学实验学校举办项目专题培训。

11月30日，朱永新荣获由天府书展组委会与中国出版传媒商报评选的"2019年度全国阅读推广特别贡献人物"。

12月8日，全国新教育实验海门开放周暨"构筑理想课堂"专题研讨会在江苏省海门中南国际学校举行。

12月10日，苏州市新教育研究院荣获2019搜狐教育盛典年度"影响力教育品牌"。

12月13—14日，首届智慧校长畅享汇公益活动在苏州半书房和吴江存志嘉德双语学校举办。

12月14日，四川广安协兴园区举行新教育实验区启动仪式暨新教育通识培训。

12月23日，《中国教育报》揭晓2019年度"推动读书十大人物",奚亚英等新教育人入围。

2020 年

1月1日,新教育实验元旦论坛在苏州大学教育学院举行。

1月,朱永新《未来因你而来:我和新教育人的故事》由华东师范大学出版社出版。

1月31日—2月20日,新学校管理研究中心联合有关机构发起"疫情期,让校长教师不'孤读'"活动。

2月3日,苏州市新教育研究院组织推送应对疫情的微课700节,视频点击数超过120万次。

2月10日—3月13日,江苏昌明教育基金会(新教育基金会)新英语公益项目发起面向三至八年级学生的"屏幕上的英语直播公益课",累计收看次数逾72万人次。

2月20日—3月8日,新生命教育研究所面向青少年开设生命教育课堂,首期18课,共有45.7万人次参加学习。

2月21日—3月3日,朱雪晴在沪江网开讲"新教育在银河"系列讲座,全国近70万人在线学习。

2月,朱永新带领新教育团队研制抗疫期间中小学教师和校长的心理防护手册——《面对疫情,教育何为?》(免费网络版)。

3月1日,苏州市新教育研究院发起"未来学校云论坛",逾15万人次参与。

3月10—22日,郭明晓在沪江网开设完美教室系列课程,超过20万人在线收听收看。

3月26—30日,海门新教育培训中心在线主办"整本书共读专项培训"公益活动,近50万人次观看。

3月26日—4月8日,江苏昌明教育基金会参与策划举办"拿什么带你飞翔,我的孩子?用阅读滋养大的孩子,永不言输"线上名师公开课。

4月23日,朱永新做客童书妈妈读书会,线上线下约万人参与。

4月28日,苏州市新教育研究院在常州市武进清英外国语学校举办"同一个世界 同一个梦想"国际理解教育学术论坛,近15000人在线收看。

4月30日,第七届"中国童书榜"在腾讯网举办颁奖典礼。

4月,在2020"阅读改变中国"年度评选中,22位新教育个人/学校入围。江苏海门、新沂、泰州姜堰、河南洛阳高新区、焦作,以及山东诸城、四川成都武侯等新教育实验区举办"新时代 新德育"新教育实验线上开放周。《朱永新与新教育实验》由北京师范大学出版社出版。

5月1日,同程旅游创始人吴志祥联合江苏昌明教育基金会发起"同程新教育十年助学梦计划"。

5月4日,朱永新教授获评国际儿童读物联盟IBBY爱阅人物奖。

5月31日,斯坦福大学第10任校长约翰·汉尼斯、新教育实验发起人朱永新教授、清华经管领导力研究中心主任杨斌教授以及湛庐创始人韩焱女士,以跨洋连线的方式进行了一场主题为"什么才是未来教育的要领"的高峰对话。

5月,由苏州市新教育研究院申报、新网师承办的"互联网时代基于新教育理论的教师自主成长模式研究"项目成功入选教育部"国培计划"项目。新网师承担的培训主题为"新教育理论视域下教师素养的提升与发展",培训对象为江苏省100名小学语文骨干教师。

5月,新家庭教育研究中心成功申报中国教育学会教育科研规划课题"基于小学阶段亲子沟通障碍及其破解研究的亲子关系建设模式"。

6月17日,新教育实验"构筑理想课堂"线上专题研训活动在CCtalk未来学习中心开幕,近万名新教育教师参加了活动。

7月20—30日,苏州市新教育研究院举行线上新教育通识培训,全国近4000名校长、教师参与。

8月10—13日,苏州市新教育研究院举行学校文化建设、儿童剧、缔造完美教室项目线上培训,共6000余名教师参与。

8月17—18日，以"新教育 新管理"为主题的第二届新教育智慧校长云论坛在CCtalk平台举行。

8月17—20日，苏州市新教育研究院举行研发卓越课程、整本书共读项目线上培训。

8月29日，朱永新做客CCTV1《开讲啦》节目。

9月25日—10月25日，新家庭教育研究中心在线上成功举行第四届新家庭教育文化节。

9月28日，以"锻造学科阅读"为主题的2020领读者大会在线上举行。新阅读研究所发布"中国中小学校长基础阅读书目"和2019年"中国童书榜"。

10月24—25日，以"新时代 新德育"为主题的新教育实验第二十届研讨会在江苏省盐城市大丰实验区线上线下同时举行，超过120万新教育人通过新教育App、CCtalk、爱奇艺、腾讯等直播平台观看会议。大会发布年度主报告《明德至善绽放人性芬芳》。

10月28日，中国网发表文章《朱永新：新时代呼唤新德育》。

11月21日，以"于危机中得新机——面对疫情，新教育的行与思"为主题的第三届2020世界教育前沿论坛分论坛在CCtalk线上平台举行。

11月28—29日，首届新教育实验示范学校开放活动在杭州市萧山区银河实验小学教育集团举行。

12月7日，朱永新教授与共15位国际顶尖教育专家、学者入选"一丹奖名师堂"。

12月22—26日，"理想课堂——学科教学与信息技术融合"专题研训线上开放周小学专场在CCtalk未来学习中心举行。

12月23日，《中国教育报》揭晓2020年度"推动读书十大人物"评选名单，林忠玲、袁卫星等新教育人入围。

12月27日，新教育实验江苏昌明教育基金会第二届理事会换届大会举行，卢志文连任基金会理事长。

2020年"教育是一首诗"慈善年会在北京举行，义拍10件书画作品，共筹集人民币88万元。

12月31日，由江苏昌明教育基金会、桃言教育、上海师范大学儿童文学研究所联合发起的首届"带着童话跨入新年"黄浦江文学之夜朗读会暨新教育建益计划·文学灯塔基金启动仪式在上海建投书局举行。

2021年

1月1日，苏州大学新教育研究院举办线上新教育元旦论坛。

1月2日，苏州市新教育研究院各职能中心述职活动在线举办。

3月18日,新科学教育研究所主持的"综合性项目化科学教育方案实践探索二十年"荣获江苏省教学成果特等奖。

4月16日,第七届"阅读点亮未来"年度评选颁奖典礼在南京人民大会堂举行,新教育榜样教师宋新菊、姜琪入选。

4月20日,国家级教学成果奖新教育实验学术报告会在兰州大学礼堂举行,近万人观看线上直播。

4月24日,《瞭望》发表新闻周刊记者刘苗苗专访新教育实验发起人朱永新教授的《民进中央副主席朱永新:我们已经站在了未来教育的门槛上》。

4月24—25日,新教育实验营造书香校园海门开放周暨示范学校开放日活动在南通市海门实验区举行。

5月10日,江苏徐州市新教育实验启动仪式在徐州行政中心举行。

5月16日,北京电视台科教频道《一师亦友》栏目播出《解密新教育:对话全国政协副秘书长、民进中央副主席、教育家朱永新》。

5月19日,新生命教育研究所主持的《拓展生命长宽高——中小学生命教育课程20年实践探索》荣获2021年广东省教学成果特等奖。

6月28—30日，苏州市新教育研究院与海门区新教育培训中心组织了"新艺术·新生活"线上研训活动。

8月2—4日，新德育研究中心举办了新教育实验福建省首届模拟联合国大会。

9月1日，苏州新教育学校、厦门新教育学校、徐州新教育学校三地同时开学。

9月17日，朱永新与江西师范大学公费师范生院2020级"新教育"卓越教师实验班师生代表座谈。

9月28日，以"文化自信从阅读传统文化开始"为主题的2021年领读者大会在线上举行。小学语文、小学数学、中小学德育三大学科阅读书目正式发布。

10月4日，新教育实验卓越课程研发论证会在苏州新教育学校召开。

10月23—24日，以"营造书香校园"为主题的新教育实验第二十一届研讨会在兰州市线上线下同时举行，大会发布年度主报告《阅读搭建精神的天梯》。

11月5日，《华东师范大学学报（教育科学版）》"特稿"刊载朱永新《新教育实验20年：回顾、总结和展望》。

12月7日，第十二届新教育实验区工作会议在线召开，五万多名新教育人参与会议。

12月25—27日，以"新教育写作"为主题的第十届新教育国际高峰论坛暨第五届长三角（苏州湾）教育对话于线上举行，朱永新作《以写作塑造更好的自己》主旨报告，超过19万人次在线观看。

12月26日，新艺术教育研究所参与主办的2021博鳌全球少儿美育论坛暨新少年艺术教育节（第二届）在线上举行。

2022年

1月1日，苏州大学新教育研究院举办的新教育元旦论坛在线举行。

1月6日下午，四川省金堂县新教育实验区建设十年学术大会召开。

1月8日，"新教育·新管理"第三届智慧校长论坛在线上成功举行。

1月12日，《中国教育报》揭晓2021年"推动读书十大人物"，邱华国、朱雪晴入围，向荣贵等入围十大关注人物。

1月13—14日，江苏昌明教育基金会荣获第十一届中国公益节年度公益项目奖，卢志文发表《好书相伴，让校园成为汇聚美好事物的中心》获奖感言。

2月12日，广东省中小学德育中心（教育厅下属）与新生命教育研究所共同筹建广东省中小学生命教育研究所（基地）。

3月16日，苏州市新教育研究院新评价与考试中心发布 2021 新教育实验新加盟实验区前测性评估项目报告。

3 月 26 日，苏州大学新教育研究院写作研究中心与河南科学技术出版社联合举办"新教育儿童写作"线上公益专题培训。

4 月 3 日，苏州市新教育研究院新家庭教育研究中心和中国教育学会家庭教育专业委员合作开展的"家庭教育中的父亲角色研究"课题开题论证会在线上召开。

4 月 15 日，"新教育·新管理"共创式研习营（第六单元）在线上开营。

4 月 21 日，江苏昌明教育基金会秘书长戚星云在中国基金会发展论坛第七期线上"秘书长社群"分享《以阅读为翼，携手公益伙伴探索职业价值》。

4 月 23 日，由海门新教育培训中心主办的新教育"中国风·母语美"阅读课程在线举行。

7 月 8—10 日，以"师生共写随笔"为主题的第二十二届新教育实验研讨会在四川省旺苍县举行，大会发布年度主报告《写作创造美好生活》。

9 月 28 日，以"项目式学习与阅读"为主题的第七届"领读者大会"在线上召开，"中国中小学项目研究阅读书目"第一批八大书目发布征集意见稿。

9 月 29 日，全球最大教育单项奖—丹奖揭晓新一届得奖者，朱永新凭借"新教育实验"的探索与实践荣获 2022

年一丹教育发展奖，斯坦福大学教育学荣休教授琳达·达林 – 哈蒙德（Linda Darling-Hammond）荣获 2022 年一丹教育研究奖。人民日报客户端、新华网、人民政协网、央视网、光明网、中国青年报、中国教育报等主流媒体均作了专题报道。

后　记

这本书的初稿是发表在《华东师范大学学报（教育科学版）》2021年第11期的《新教育实验二十年：回顾、总结与展望》。感谢主编杨九诠先生用前所未有的篇幅发表了这篇长文。

文章发表以后，受到了广泛关注与好评，许多朋友建议出版单行本，作为了解新教育的简明读物。在华东师范大学出版社的支持下，本书很快纳入了出版计划。

就在这本书进入出版流程之后，2022年9月29日，全球最大教育单项奖—丹奖揭晓新一届得奖者。经过独立评审委员会的严格评选，我发起的"新教育实验"的探索与实践荣获2022年一丹教育发展奖，斯坦福大学教育学荣休教授琳达·达林-哈蒙德（Linda Darling-Hammond）荣获2022年一丹教育研究奖。

许多领导、学者、朋友第一时间表示祝贺，122个国家的媒体也给予了关注和报道，许多媒体说，一丹教育奖被誉为教育界的诺贝尔奖，是作为教育学者的最高荣誉。教育部原部长陈宝生先生说："永新获奖，不仅是他个人的荣誉，更是中国教育的荣誉，热烈祝贺！一段时间以来，很多人在论道，不管是坐着还是站着，而永新却在行动，而且一步一个脚印地前进着。很多人在争相指摘今天的教育，而永新却在示范明天的教育。很多人提供的是设想和理念，而永新提供的是方案和经验。中国教育也需要前者，但更需要后者，前者供过于求，后者供不应求。批判的行为制约了行为的批判。故，我支持永新和他的新教育实验。"

我非常尊敬的良师益友冯骥才先生专门发文指出："朱永新先生获得这个国际性的教育大奖当之无愧！他的以人为本的教育观、快乐学习的理念、普惠的教育思想，具有极大的魅力，给教育领域吹入了一股清风。而且他知行合一，经过二十余年坚持不懈的推广与实践，已经使'新教育'在大地上开出花朵，并在我们的希望中发出光亮。我钦佩他，祝贺他。"

对于大家的信任和鼓励，我心怀感激。我想，一丹教育发展奖不仅仅是对我们新教育团队22年耕耘的肯定，更是对中国教育改革与发展成就的肯定。

这些年来，我在教育研究与探索中，有幸与中国8000

多所学校、800多万师生共同行动，一起实践着如何过一种幸福完整的教育生活，取得了一点成绩。许多老师消除了职业倦怠，得到了成长；许多孩子找到了阅读的乐趣，享受着学习；许多学校改变了应试教育，提升了教育品质；许多地区改善了教育气象，改良了一方文化。我深切感受到，一线的行动者们，是智慧的运用者，也是智慧的创造者。

这本书的顺利出版，得到了许多朋友的支持和帮助。感谢新教育同仁22年的共同奋斗，感谢一丹奖评审委员会和一丹奖基金会的信任与支持，感谢22年来支持、帮助新教育事业的朋友和机构。感谢新教育研究院同仁帮助整理了本书的大事记，感谢华师大出版社李永梅和程晓云两位老师的辛勤劳动。

今天的世界，饱受疫情、战乱、自然灾害等苦难的困扰，处于危险之中。带领人类前行的智慧与勇气，来源于人的内心，而这正是来自教育的力量。在一丹教育奖的认可、支持和帮助下，希望我们这些来自中国的教育经验，能为世界教育的发展与创新带去一点启发，共同创造教育的美好未来和世界的美好未来。

朱永新

2022年10月20日